TEMPS CALME !

Direction de la publication
Isabelle Jeuge-Maynart et Ghislaine Stora

Direction éditoriale
Catherine Delprat

Édition
Sylvie Cattaneo-Naves

Couverture et conception maquette
Valentin Binoche

Mise en page
Sophie Compagne

Fabrication
Laure Ferrandis

Illustrations
Clémence Daniel

Sur le site de l'auteur www.lescouleursmusicales.com vous pourrez trouver des conseils pour organiser vos séances de méditation enfantine (respiration, rythme de lecture…) et télécharger gratuitement des méditations audio.

ISBN : 978-2-03-591336-4

Pour les Éditions Larousse, le principe est d'utiliser des papiers composés de fibres naturelles, renouvelables, recyclables et fabriquées à partir de bois issus de forêts qui adoptent un système d'aménagement durable. En outre, les Éditions Larousse attendent de leurs fournisseurs de papier qu'ils s'inscrivent dans une démarche de certification environnementale reconnue.

TEMPS CALME !

Quand la méditation aide les petits à se concentrer

Gilles Diederichs

LAROUSSE

Introduction

« Manque d'attention, de calme, de concentration, incapable de se poser… » sont des mots que beaucoup de parents utilisent pour parler de leurs enfants… ou les enseignants pour parler de leurs élèves !

C'est en m'occupant de la formation des enseignants et autres professionnels de l'enfance aux techniques du dé-stress que, naturellement, se sont mises en place, à l'intention des élèves, des activités qui utilisent le moment présent pour agir sur leurs humeurs, leurs comportements, leur manque de faculté de concentration ou de mémoire.

Cet ouvrage offre aux enfants, à travers l'expérience de la méditation, du mouvement, du développement de l'estime de soi, la possibilité de créer un véritable espace intérieur de bien-être et de découverte de leurs propres ressources personnelles. Il s'est avéré que c'est en pratiquant régulièrement ce type de séance dirigée que l'enfant, parfois grognon, parfois absent de tout, apprend à s'apaiser, à être vraiment conscient de ce qu'il vit, à rentrer dans la cohérence corps-esprit et à s'engager dans un processus constructif et valorisant. L'enfant va développer moment après moment sa patience, apprendre à observer, à dérouler tous ses mouvements dans un silence parfait, à jouer de sa force ou de son astuce… Votre enfant, instinctivement, connaît tout cela, il faut simplement l'aider à actualiser et à bâtir dans le présent ce type de connaissance

Un enfant disponible à ses véritables besoins, à l'écoute de ce qui l'entoure, est un enfant qui prend confiance, car il construit les réponses aux interrogations posées par les événements du quotidien. Il apprend à ne pas s'identifier à ses peurs, sait utiliser ses envies pour aller plus loin dans ses découvertes du monde et non dans sa possession. Il choisit progressivement la voie du milieu entre haut et bas, persévère et avance. Il comprend rapidement que chaque acte porte à conséquence.

La méthode proposée ici se compose d'applications très simples adaptées à la vie courante et au quotidien de l'enfant. Elles sont présentées sous la forme d'activités de méditation créatives et ludiques : l'enfant peut choisir directement selon ses affinités, les parents ou personnels de l'enfance peuvent en suggérer d'autres et surtout participer ! Des idées de séance sont suggérées sous la forme d'un petit chemin de bien-être. Les principes sont les mêmes de 4 à 12 ans, la différence se fera dans les variations et approfondissements possibles de chaque activité, et sera d'ailleurs chaque fois notifiée.

Par séance de 5 à 15 minutes, vous pourrez ainsi répondre :

– au cas d'un enfant toujours dispersé dans mille pensées ;
– à un enfant soumis à ses colères ;
– à un enfant qui ne sait pas mémoriser ;
– à un enfant qui ne supporte pas les frustrations ;
– à un enfant incapable de porter son attention plus de 30 secondes ;
– à un enfant qui s'endort difficilement ;
– à un enfant en stress chronique ;
– à un enfant incapable de rester en place ;
– à un enfant qui semble ne s'intéresser à rien ;
– à un enfant anxieux, loin de la réalité ;
– à un enfant toujours agité ;
– à un enfant sans joie ;
– à un enfant qui a du mal à communiquer ;
– à un enfant qui fait des fixettes mentales ;
– à un enfant toujours dominé par ses émotions.

Ma méthode s'organise autour de trois axes :

Le mouvement : coordonné et cohérent comme il est proposé ici, il oblige l'enfant à une libre circulation des énergies internes. Le yoga, le taï chi, la relaxation énergétique sont utilisés et adaptés à l'âge de l'enfant pour apporter une bonne motricité et un écoulement régulier de l'influx nerveux (aller-retour cerveau et capteurs du corps).

La méditation : c'est se poser dans un premier temps en tant qu'observateur. L'enfant se met à l'écoute du langage du corps, qui souvent parle mais n'est pas écouté ! C'est aussi une technique simple pour laisser filer les pensées perturbatrices comme les nuages dans le ciel, et revenir à l'essentiel : être en paix, émotionnellement et mentalement, donc disponible à soi-même et à ses véritables besoins.

Issue de la méditation Vipassana en Inde ou essénienne et cistercienne en Occident, cette technique, dite « de pleine conscience », se marie très bien avec le quotidien de l'enfant et présente l'avantage d'être mise en scène facilement selon les besoins du moment.

L'estime de soi : elle se construit dans sa vraie valeur qui regroupe le respect de ses propres rythmes biologiques, une attitude mentale positive, l'écoute et le respect du besoin des autres. L'imagerie mentale, la construction de la pensée positive, la communication par la réflexion et l'échange sont ici facilitées par les thèmes proposés durant les méditations.

Petit mot d'encouragement

Il n'y a que l'élévation et l'éveil de l'esprit qui font que les véritables changements s'opèrent. Laissez du temps à votre enfant pour intégrer ces repères que sont méditation, mouvements et estime de soi. Il saura ce qui lui est profitable ou pas. C'est par l'expérience et la confiance sans cesse renouvelées et par moments verbalisées que vous en ferez un enfant serein, heureux de s'aventurer dans toutes les ruelles de la vie, sans crainte ou peur d'avancer… Ce sera ensuite de lui-même qu'il reviendra vers vous pour vous offrir les bénéfices de ses découvertes !

Gilles Diederichs

Chapitre 1

La méditation

Pourquoi méditer ?

Méditer ne signifie pas ne rien faire, bien au contraire. Méditer, c'est d'abord se poser avec un but précis, celui de s'accorder du temps pour se reconnecter. Prendre un moment rien qu'à soi et en dehors des stimuli habituels, c'est extrêmement valorisant et respectueux de soi-même.

Car au-delà des préoccupations du quotidien qui embrouillent le cerveau, derrière le flot des pensées qui souvent « parasitent » plus l'esprit qu'elles n'apportent de véritables informations, vibre un espace de sérénité que tout un chacun se doit d'atteindre. Le processus à suivre est simplissime, mais demande régularité de pratique et volonté de persévérer.

Rapidement votre enfant le ressentira, et un enfant serein préférera pour évoluer une attitude constructive, car finalement beaucoup plus plaisante, et laissera tomber la force ou le chantage émotionnel pour obtenir ce qu'il désire. Cette attitude d'esprit se crée par la pratique, une véritable démarche intérieure qui prend corps dans le temps. Telle est aussi la force de la méditation : faire comprendre que colère, négativisme et volonté de ne pas participer à la marche du monde construisent à terme un malaise intérieur qui ne facilite pas sa propre découverte du bonheur sur cette terre.

C'est dans l'expérience de ses propres trésors, dans cet espace de conscience personnel que l'enfant trouvera régulièrement les moyens d'évoluer, et c'est grâce à cette source qu'il bâtira aussi une concentration durable, une attention qui lui évitera de fuir ou de se noyer dans des tentations spécialement « marketées » pour diriger le fil de ses pensées, donc de ses actions, et de ses réactions… Il est important que l'enfant apprenne à se connaître, par ses côtés agréables ou désagréables, ses manques et ses pleins, ses désirs comblés et ses frustrations, ses volontés de pouvoir et le rapport à l'autorité… Ceux-ci forment les deux côtés d'une même pièce, un chemin qui s'enrichira de ses propres contradictions. La méditation n'est pas une ligne droite, mais la voie du milieu et un chemin qui a du cœur, car il demande du courage. Petit à petit, les bénéfices sont réels, le cerveau s'apaise, se construit, redistribue des endorphines, et le comportement change. Et puis un enfant sait reconnaître ce qui est bon pour lui…

La méditation apprendra aussi à votre enfant une notion essentielle de valorisation et d'estime de soi : le détachement. Cela lui permet le recul sur les émotions qui déclenchent systématiquement des perturbations émotionnelles ou mentales, l'acceptation que chacun est unique et différent, la compréhension que tout acte ou toute pensée engendre une conséquence… C'est alors la fin du zapping incessant qu'un enfant agité développe comme un pont entre absence du présent et responsabilités personnelles… C'est également cela que l'on pourrait appeler « méditation et responsabilité de pleine conscience ».

Comment agit la méditation ?

Cette méthode va réguler l'influx nerveux et harmoniser le tonus musculaire. Cette combinaison multipliera la production des hormones dites endorphines. Ces endorphines génèrent un apaisement général et un heureux sentiment positif. Il est clair que, si on la pratique régulièrement, ces effets perdurent dans le temps, d'autant plus que le cerveau enregistre chaque fois cette activité comme une période de développement du bien-être, comme un circuit de plaisir. Cela devient une activité réflexe dès qu'il faut faire le calme, être clair dans ses pensées, ne pas rentrer dans la violence…

L'échange d'informations entre les deux hémisphères via le corps calleux se fait plus facilement. Cela signifie que créativité et raisonnement se mêlent pour comprendre le monde, structurer la pensée, agir avec plus de discernement.

Que sont les émotions ?

Les émotions résultent d'une action faite par l'enfant ou d'une réaction de celui-ci face à un événement vécu. C'est chaque fois l'occasion de processus biochimiques qui agissent à la fois sur le corps et sur l'état d'esprit. Les expressions de l'émotion varient pour chaque enfant, et la méditation est un fabuleux régulateur du trop-plein ou vide que provoquent ces humeurs enfantines. Qu'un enfant soit triste, excité, jovial, parfois anxieux, euphorique, il est important qu'il fasse l'expérience de cette palette indispensable d'expériences humaines. C'est aussi cela qui le renforcera et le mettra en empathie avec ceux qu'il côtoie ou découvre. En revanche, qu'il soit gouverné en permanence par ses réactions fait que l'enfant s'éloigne du présent et de la réalité ! Petit à petit la méditation, le mouvement et l'estime de soi vont ouvrir un espace vierge où l'émotion pourra s'exprimer, mais sans imposer un comportement qui dépasse l'enfant… Le fait de construire une fondation émotionnelle stable dès la petite enfance aidera énormément au moment des changements hormonaux, comme à l'adolescence… C'est à cette période que prendre du recul sur ses humeurs s'avérera très bénéfique… pour tous !

Qu'est-ce qu'un mental parasité ou en surchauffe ?

Le mental est l'outil qui aide l'enfant à gérer son fonctionnement dans le monde. Il est fait du résultat des expériences vécues et se construit en fonction de la croissance de l'enfant et de sa relation avec son entourage, proche ou non. Le type de mentalité qu'exprime un enfant résume souvent assez bien la vision qu'il a du monde… Les parents, en dehors du fait évident qu'ils stressent leurs propres enfants par leur comportement, sont aussi parfois responsables des « surchauffes » que ceux-ci éprouvent. Il n'est pas simple de réagir avec discernement aux défis incessants que certains enfants posent, et des fossés intergénérationnels se créent de plus en plus rapidement ! D'où l'importance pour un enfant du cadre posé par les parents, ne serait-ce que dans la signification d'un vrai oui ou d'un vrai non, en acceptant les conséquences que cela implique pour eux comme pour lui. Le mental doit être au service de l'enfant pour que celui-ci puisse se gérer, et non l'inverse !

Quatre grands types de construction mentale dominent aujourd'hui chez les enfants :

1] Le mental déconnecté de la réalité.

Les enfants peuvent passer de longs moments en rêverie. Ils construisent ainsi un monde très personnel où ils expérimentent doucement leur imaginaire, lié souvent aux perceptions du monde qu'ils intègrent peu à peu en eux. Ces moments sont importants car ils permettent déjà une approche instinctive où le raisonnement va se construire, prendre forme. Certains enfants utilisent également au départ l'excitation, pour allumer la fusée de l'imaginaire ensuite ! D'où l'importance de poser des repères, des points référents, afin que ce monde, qui peut aussi être onirique, ne forme pas un mental déconnecté de la réalité !

2] Le mental en surchauffe permanente.

A contrario, certains enfants ne laissent que très peu de place à la rêverie et passent directement dans l'excitation à la moindre « ouverture » possible. Ils s'expriment par le mouvement vif, la répétition verbale à outrance, aiment l'énergie que génère le conflit, et l'utilisent froidement ensuite souvent par l'agressivité, et ce sans en avoir vraiment conscience ! Ils pensent diriger la marche du monde, alors qu'ils sont en fait totalement dirigés par ses expressions les plus sommaires. C'est typique d'un mental en surchauffe, d'un enfant qui ne se pose pas, dans sa tête ou dans son corps !

3] Le mental craintif.

Il existe aussi des enfants qui cultivent l'intérêt à tout ce qui les entoure, mais ont bien du mal à communiquer tant ils se sentent en défense plutôt qu'en échange dans le présent qu'ils ont du mal à intégrer. Ce peut être dû à l'anxiété des rapports de force entre enfants, à un manque d'attention des parents ou des enseignants… Qu'importe, ils gardent pour eux et sont peu expansifs. Leur mental gère le quotidien sous la forme d'un mental craintif ou absent du quotidien.

4] Le mental de l'apprenti.

Enfin, certains enfants sont prêts à aller plus loin dans leur apprentissage de la vie, ils savent intégrer le fruit de leurs découvertes dans leurs actions, restent positifs quoi qu'il advienne, mais ont besoin d'un coup de pouce naturel afin d'accroître leur potentiel de croissance. La méditation va accélérer l'expansion de leur conscience. Le fait d'accepter les expériences comme un acte de croissance construit le mental de l'apprenti.

À QUOI SERT LA RESPIRATION ?

Il est important que vous preniez le temps d'expliquer à vos enfants comment fonctionne la respiration. C'est en pratiquant que ceux-ci vont découvrir qu'ils ont acquis des réflexes respiratoires non souhaitables, comme bloquer leur respiration pour éviter de laisser paraître leurs émotions (exemple des concours de regards entre enfants), souffler longuement par exaspération sans prendre le temps d'inspirer ensuite pour rétablir l'apport d'oxygène, expirer comme un petit chien dès qu'ils stressent, rentrant dans des phénomènes d'hyperventilation qui les « lessivent » littéralement et leur vident les reins…Tant qu'il tient debout, l'enfant relativise tout cela… Or aujourd'hui, il faut le dire, dépression, AVC chez les tout jeunes sont de plus en plus nombreux…

Un mouvement respiratoire comprend deux phases, une inspiration et une expiration

L'air inspiré contient du dioxygène, il ne contient pas, ou très peu, de dioxyde de carbone.

L'air expiré est riche en dioxyde de carbone.

Le corps se sert de l'oxygène pour produire de l'énergie et se débarrasse du gaz carbonique, qui est un déchet.

Le trajet de l'air

L'air entre par le nez et par la bouche, passe par la trachée jusqu'aux poumons. Ceux-ci sont divisés en bronches, bronchioles, et se finissent en alvéoles qui sont de minuscules sacs d'air.

À partir des alvéoles, l'air circule dans tout le corps.

Les mouvements respiratoires

Nous respirons de manière automatique grâce au diaphragme qui se contracte.

Le diaphragme est un muscle plat attaché à la base de la cage thoracique. Lorsque le diaphragme est au repos, il est bombé vers le haut. Lorsqu'il se contracte (ce qui demande un effort), il s'abaisse. La respiration est le moyen d'agir le plus directement sur le système nerveux parasympathique et, de ce fait, sur le muscle du diaphragme.

Le volume de la cage thoracique augmente et le poumon se remplit d'air : c'est l'inspiration.

Lorsque le diaphragme se relâche, il se bombe vers le haut (ce qui ne demande pas d'effort). Le volume de la cage thoracique diminue et l'air sort du poumon : c'est l'expiration.

L'inspiration est active alors que l'expiration est passive.

L'inspiration se fait par le nez, l'expiration se passe généralement par la bouche, surtout si le mouvement y est associé. Dans la position assise de méditation, généralement au bout d'un moment (surtout si le silence se fait), l'enfant expire directement aussi par le nez, signe d'un bon relâchement complet. Ne forcez pas sur ce type d'expiration, votre enfant y arrivera naturellement à son rythme.

La qualité d'air inspiré est aussi très importante afin de distribuer un carburant riche à chaque organe du corps humain. Lorsque l'air est chargé de plomb comme dans les villes, le système organique « s'oxyde » rapidement, ce qui constitue ensuite le terrain royal dans le corps de l'enfant pour des envolées lyriques de mauvaise humeur, dues à la fatigue corporelle, intellectuelle, au manque d'immunité aussi bien biologique que psychologique ! Rajoutons une nourriture soit trop sucrée, soit trop grasse, et vous avez un enfant à fleur de peau, l'ensemble hépatique (foie, vésicule, intestins…) étant saturé. Prenez bien conscience également que le deuxième cerveau est celui des intestins, constitués eux aussi de milliards de neurones. Les intestins, le foie et les poumons sont les bases qui accueillent dans le corps de votre enfant les émotions, les colères dues à un mental saturé par exemple. Il est donc évident que le type d'alimentation choisi peut fatiguer, dynamiser, alourdir… et que le fait de proposer une alimentation équilibrée dès le petit déjeuner facilitera la croissance de votre enfant, agira sur ses humeurs. On vient aussi récemment de découvrir que le cœur (et certainement tous les organes) contient lui aussi des neurones. La respiration va naturellement aider à son bon fonctionnement.

La respiration agit durablement sur le fonctionnement du cerveau car l'air régule aussi son intensité électrique. Alors que la plupart des stress habituels pourraient être facilement éliminés par la respiration, les enfants vont refouler ou au contraire exprimer dans la colère immédiate ou l'excitation explosive ce qu'ils n'arrivent pas à réguler. Ils se sentent ensuite dépassés et s'enracinent dans des attitudes comportementales difficiles à atténuer, le cerveau s'adapte et prend pour acquis ces réflexes d'attitudes. Il faut donc « déconnecter » ces habitudes progressivement, d'où l'importance de construire l'axe mouvements et respirations, méditation, estime de soi.

Il est donc primordial de tout simplement montrer à vos enfants comment bien respirer et ce que cela apporte. L'autonomie respiratoire est une des clés de l'apprentissage de la méditation et du bien-être. Les dix premières séances utiliseront ces respirations pas à pas afin que votre enfant puisse agir en toute conscience sur ses humeurs.

Les apnées respiratoires volontaires ou le fait de temporiser, poumons vides, entre expiration et inspiration se font naturellement selon l'avance de l'enfant. L'utilisation volontaire de ces deux espaces ne se fera que par moments, dans le but d'apporter une maîtrise et une bonne compréhension du souffle, et dans des limites raisonnables. Cette technique, si elle doit être poussée plus tard, ne doit venir que dans un échange avec un instructeur confirmé de type professeur de yoga car elle demande de la vigilance quant aux personnes spasmophiles ou sujettes à l'épilepsie.

Chapitre 2

Quelques conseils pour commencer sereinement

Faire ensemble

Si possible, choisissez le livre avec votre enfant. Si vous l'avez commandé, prévenez-le que vous achetez ce livre parce que vous avez envie de le découvrir et peut-être même de le pratiquer en partie avec lui. Soulignez le fait qu'il y aura aussi des « activités drôles et sympas » à faire ensemble. C'est un livre de loisir, un livre complice, donc laissez votre enfant le découvrir, voir les illustrations, questionner…

Pour rester dans la notion de loisir, dans un premier temps, les parents vont eux aussi pratiquer avec leurs enfants. Quel meilleur exemple pour apprendre que de voir papa ou maman faire l'expérience de ces activités ! Vous resterez toujours des référents avec vos grandeurs ou vos failles, mais au moins vous joindrez le geste à la parole ! Vous n'éviterez jamais qu'un enfant vous prenne en défaut, le plus simple est de vous offrir tel que vous êtes. Donc, si certains mouvements sont délicats pour vous, expliquez-les au moins à votre enfant et veillez à leur bonne exécution. Placées sous le signe du plaisir partagé et de la complicité, ces petites séances seront l'occasion d'échanges profonds car les structures mentales et émotionnelles qui se construisent alors sont uniques. Une famille qui axe certains moments de partage sur le mode du développement personnel bâtit une vision de vie placée sous le signe de la réussite intérieure, celle qui utilise le potentiel propre à chacun.

L'importance de la voix

Les méditations ou activités sont écrites pour être lues par n'importe quelle personne. Cependant, il est indispensable de comprendre que, dans ce rapport parent-enfant, le ton donné à la voix doit être celui du « non-directif ». Chaque phrase est une proposition, pas une affirmation !

N'hésitez pas à être « engageant », à offrir un ton amical et complice, et n'ayez pas peur de paraître par moments hypnotique, en répétant parfois certaines phrases. Vous abaisserez la vigilance mentale de votre enfant, qui passera en onde alfa (pré-sommeil profitable à la méditation), mental qui généralement limite les champs de la conscience.

Les mots « tranquille », « calme », « apaisé » reviennent souvent en cascade, c'est fait exprès. En pratiquant la méditation et la respiration et en y associant ces mots, l'enfant les intègre comme des codes de bien-être, et cela deviendra pour le cerveau dans le temps des formules d'autoréflexes dans les passages difficiles au quotidien afin de s'apaiser, ou pour entrer en immersion plus rapidement en méditation. N'hésitez pas à ajouter vos propres expressions ou celles suggérées par l'enfant.

Les points de suspension sont là pour donner un rythme particulier à votre lecture. Les notions d'espace, de silence, de durée sont importantes afin de ne pas saturer l'enfant de phrases verbales et d'informations successives, ce qui serait comme remettre les clés à un mental dominant ! Vous allez utiliser ces passages pour laisser le travail s'accomplir chez votre enfant, vous pouvez donc choisir d'en ajouter, de les faire plus courts ou plus longs. C'est en pratiquant que vous repérerez dans le comportement de votre enfant en séance sa vitesse de lâcher prise, d'intégration des suggestions. Proposez de fermer les yeux quand c'est demandé, n'obligez pas ! Terminez toujours par un retour au présent valorisant, en positivant (même si la séance a été difficile), et faites « bouger » l'enfant par quelques mouvements simples afin de bien « relancer » le corps. Acceptez aussi, si vous êtes d'accord, d'être « dirigé » en séance par la voix de votre enfant. Vous serez surpris et ravi de créer ce lien de développement personnel ensemble…

Créer un espace de confiance

Appliquez la loi du non-jugement. Votre petit bout de chou, que vous trouvez si « petit bout de chou », va forcément par moments vous surprendre par ses propos ou ce qui vous paraîtra des jugements. Ne rentrez pas vous-même dans l'opposition ! Restez un « accompagnateur bienveillant » qui sait prendre du recul, mais bien sûr vigilant à ce que vous entendez. La confiance se créera également dans le fait qu'un espace d'expression et de solutions est possible dans le bien-être entre vous et la « chair de votre chair » !

Je pense que vous comprenez mieux maintenant que ces méditations enfantines vont aussi être une forme d'engagement personnel de votre part...

Comment construire une séance

Apportez si possible un plus en intérieur dans votre maison, en adoptant un petit rituel avec un emplacement dédié, une senteur de fleur ou d'huile essentielle qui aide à se déconnecter de l'activité précédente.

Presque toutes ces méditations peuvent être pratiquées en pleine nature. Amplifiez les bénéfices de ces moments en choisissant un lieu où la qualité de l'oxygène est grande et où, tout du moins, l'enfant se sent comme chez lui, « en cocooning ».

1] La posture de l'enfant

Ci-dessous, vous avez les préliminaires indispensables à la bonne condition physique et morale de votre enfant. Comment lui demander d'apprécier ce qu'il vit s'il n'a pas préalablement « dénoué » son corps ou apaisé un minimum son esprit ? Il sera donc fortement souhaitable de commencer si possible par cette première activité appelée « Le chemin du clown », qui travaille directement sur la souplesse des articulations.

▪ *Les articulations*

Les articulations sont les points d'ancrage des muscles et surtout du bon fonctionnement moteur à la fois de chaque partie du corps et de son ensemble. Souvent négligées dans l'éducation, elles sont pourtant responsables d'importants stress chez les enfants. Le fait de rester statique en classe, à la maison devant la télévision ou l'ordinateur, de compenser sa fatigue avec des positions tête dans la main, coude plié sur la table, trépignant sur une chaise, dos fléchi et bassin décalé, compresse le corps, ce qui commence à provoquer chez les enfants, de plus en plus tôt, des troubles musculo-squelettiques (TMS).

Voici un chemin corporel qui va « déverrouiller » et rendre plus souple chaque articulation. Il s'appelle ***Le chemin du clown*** (il peut être intéressant de faire cet exercice devant une glace afin de mieux effectuer les mouvements).

« Tu es un petit clown malicieux ! Et comme tu aimes la danse, apprends celle-ci pour épater tes amis. Si tu as une musique doucement rythmée, essaie de faire cet enchaînement en rythme ! »

a)

b)

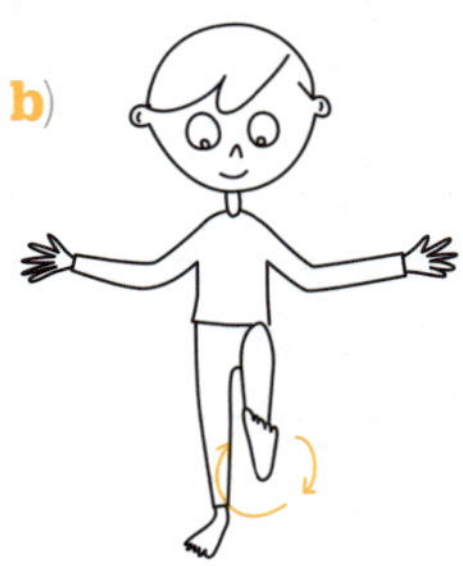

c)

g)

a) Tu es debout et tu lèves doucement un pied. Amuse-toi à le faire tourner dans un sens et dans l'autre (comme de petits cercles). Vois comme tu fais travailler ta cheville. Repose ton pied et fais de même avec l'autre.

b) Lève un genou et fais tourner tout le bas de ta jambe dans les deux sens. Attention : essaie de ne pas déplacer ton genou, ressens comme il travaille ainsi ! Repose ce pied et passe à l'autre jambe.

c) Pose tes mains sur les hanches et balance-les doucement vers la droite, reviens au centre, puis vers la gauche, reviens au centre, en avant, reviens au centre, en arrière, reviens au centre. Termine en faisant pivoter tout ton bassin pour faire un cercle dans un sens, puis dans l'autre.

d) Lève tes deux avant-bras. Fais tourner tes mains dans un sens, lentement, puis dans l'autre. Sens-tu comme tes poignets deviennent souples ?

e) Pose ton coude gauche dans ta main droite. Fais tourner tout ton avant-bras en cercle dans un sens puis dans l'autre, sans que le coude se détache de la paume de ta main. Passe à l'autre avant-bras, coude droit posé dans la paume de la main gauche.

f) Lève doucement tes deux épaules en même temps et fais-les pivoter vers l'arrière plusieurs fois. Tu dois sentir tes omoplates travailler.

g) Penche doucement ta tête vers la droite, puis passe à gauche. Tu la penches en avant, puis doucement en arrière. Refais cela 3 fois et amuse-toi à tirer la langue, à sourire comme un clown, lèvres très écartées, prêt à rire !

Apaiser le mental par la respiration

Le fait d'associer image positive et mouvement est une information qui valorise chaque début de séance. Voici un exemple, vous pourrez l'adapter ou le faire évoluer ensuite selon les humeurs du moment ! L'enfant est face à vous, debout si possible, et vous faites aussi les mouvements.

« Tu poses les deux paumes de main sur ton ventre. Tu inspires par le nez doucement, ton ventre se gonfle et pousse un peu tes mains... Tu souffles par la bouche, ton ventre se dégonfle... Recommence : tu inspires par le nez... Tu souffles par la bouche... Une dernière fois : tu inspires... Tu souffles...

Maintenant inspire par le nez en ouvrant tes bras sur les côtés puis à hauteur de tes épaules, et imagine que tu reçois les rayons du soleil sur tout ton corps... Souffle par la bouche en ramenant tes paumes de main juste sous le nombril et en ressentant le fait que tout le ventre devient chaud grâce aux rayons du soleil... Recommence : tu inspires en ouvrant grands tes bras, tu reçois les rayons du soleil... Tu souffles, et la chaleur des rayons se dépose sur ton ventre... Encore une fois : inspire... Souffle...

Maintenant continue en inspirant par le nez tout en amenant tes bras tendus au-dessus de la tête, les rayons du soleil chauffent et chatouillent tes mains... Souffle en pliant doucement tes genoux et en tendant tes bras face à toi, la chaleur descend dans tout ton corps... Tu inspires par le nez et tu tends tes bras... Tu souffles en pliant tes genoux, et la chaleur du soleil remplit tout ton corps... Inspire par le nez... Souffle...

Maintenant, yeux fermés, tu remues tout ton corps doucement, comme si tu étais tout mou... Voilà, la méditation peut commencer... »

Autres idées d'associations possibles : « Sens une odeur de vanille, de menthe fraîche... L'odeur du sel marin, la force des vagues qui te dynamisent... Le calme de la montagne qui t'envahit, la tranquillité du lac... Le jaune des boutons-d'or, la douce mélodie d'une rivière qui t'apaise... »

2] Le choix de l'activité

D'abord, si possible, faites régulièrement une des dix premières séances. Elles sont importantes pour ancrer la connaissance chez votre enfant du langage de son corps, des manières de l'utiliser concrètement comme un outil de bien-être. Dans l'enfance particulièrement, tout passe par l'expérience pour être bien compris, et le corps subit, mine de rien, beaucoup de pression. Ces séances agiront comme une mise au point régulière et une clarification mentale et physique nécessaire pour bien se connaître.

L'enfant peut avoir envie de tester une méditation en feuilletant le livre, de découvrir un sujet particulier. Il n'est pas rare de voir un thème revenir régulièrement. Prolongez alors la méditation dans le temps, accentuez les périodes de silence, de ressentis, de verbalisation...

En revanche, ne laissez pas forcément le fil des séances s'égrener en papillonnant d'une activité à l'autre, laissez le temps à la pratique de se faire, donc la répétition peut être importante. Voici un index qui vous aidera à choisir selon les « humeurs » que vous sentez nécessaire de rectifier ou les besoins de développer des facultés telles que concentration, apaisement, etc.

Table des méditations

Séances 1 à 10 : apprentissage de la relaxation, de la respiration, de la méditation de pleine conscience. Relâchement musculaire et nerveux, récupération nerveuse, apaisement mental et émotionnel, attention et concentration…

1 · Le petit ballon tout rond *35*

2 · La vague roule sur le sable *39*

3 · La balade de la libellule *44*

4 · Le lac calme et la montagne immobile *47*

5 · La paille fait des bulles ! *51*

6 · La danse du silence *54*

7 · Le gros matou tout fou ! *58*

8 · Comment le monstre devient doux et tendre *61*

9 · Le chaton au clair de lune *65*

10 · La paix est cachée derrière le son des vagues *69*

Séances 11 à 20 : travail sur le dé-stress, la mémoire, l'apaisement des anxiétés, l'estime de soi par la confiance et l'écoute, l'équilibre des cinq sens de l'enfant, la méditation de pleine conscience…

11· Le conte du vent *73*

12· La marche de l'ourson silencieux ! *77*

13· La marche du grand singe ! *81*

14· La méditation des parfums *85*

15· L'appareil photo et la nature *90*

16· Les nuages se baladent dans le ciel *92*

17· L'arbre est mon copain *95*

18· Le « o » des magiciens *100*

19· Le mage et la baguette magique positive *103*

20· Apprendre à utiliser sa paire de jumelles *107*

Séances 21 à 30 : activités favorisant l'endormissement, l'estime de soi par l'ouverture du cœur et l'attention aux autres, l'expression verbale et la concentration par l'imagerie mentale, la méditation de pleine conscience…

21· Le jeu des souhaits *111*

22· La lune blanche te parle *115*

23· Donner un peu de son cœur aux autres *120*

24· Le corps musical *123*

25· L'écoute du hibou *127*

26· Le chemin de l'oiseau *131*

27· Silence, les chatons mangent ! *134*

28· La métamorphose de la fleur *138*

29· Le voyage vers mon monde secret *141*

30· L'aventure de la nouveauté *145*

Séances 31 à 40 : activités favorisant l'apaisement émotionnel, mémoire, attention et concentration, la transmutation des peurs ou tristesses, l'estime de soi par l'enracinement dans le quotidien et la notion de pardon, la méditation de pleine conscience…

31· Le scan corporel *149*

32· Respirer avec son cœur *154*

33· Balade au jardin des couleurs *157*

34· Traverser la rivière et vider son sac ! *161*

35· Fort comme un arbre dans la tempête *166*

36· Le souffle qui apporte le calme *169*

37· Les moutons sur l'eau *173*

38· Rattrape les ballons qui s'envolent ! *177*

39· Mettre du soleil dans les cœurs ! *181*

40· Jardiner ensemble au potager *186*

Séances 41 à 50 : activités favorisant l'estime de soi par la notion d'échange et de partage, la conscience que tout acte amène des conséquences, savoir se dynamiser, le dé-stress, la concentration par le mouvement, la détente par l'art-thérapie, la fin de l'identification à la douleur…

41· La pierre tombe dans l'eau ! *189*

42· Je dis que j'en veux plus ! *193*

43· La force du lézard ! *197*

44· Mon corps me parle ! *200*

45· La salutation au soleil ! *203*

46· Les mandalas pour être en pleine forme ! *208*

47· La découverte de ses propres forces ! *211*

48· Je construis mon propre château *215*

49· Je calme les douleurs avec les couleurs ! *219*

50· Tous les jours je deviens grand ! *222*

Chapitre 3

Les 50 séances de méditation

1

La pratique de la respiration : l'apaisement des émotions

Cette première méditation est tout simplement essentielle. Tous les enfants vous diront qu'ils savent respirer. Mais peu sauront vous le montrer véritablement ou en parler. Le fait qu'ils deviennent conscients de leur respiration leur permettra d'agir directement sur leur état de concentration ou sur leur humeur du moment.

La respiration est en effet la clé pour l'apaisement mental et émotionnel. Grâce à cette méditation de base, **votre enfant va pouvoir poser sa conscience sur sa capacité respiratoire, découvrir les étapes de la respiration, et sentir les effets bénéfiques qui en résultent**.

Posture corporelle souhaitable
Laissez d'abord votre enfant choisir une place qui lui plaît, en tailleur, assis au bord d'une chaise. L'important est qu'il puisse avoir le dos droit, le bassin en place, pas une fesse sur le côté ou une main en appui sur le sol ou pendante.

Durée
5 à 15 minutes.

Pour tous.

Le petit ballon tout rond

« Frotte tes petites paumes de main et passe-les sur ton visage, comme pour l'essuyer avec un gant de toilette. Tu sens comme cette chaleur te fait du bien ?...

Maintenant frotte de nouveau et passe tes paumes chaudes en essuyant tout ton torse... comme si tu enlevais des miettes de pain ! Et puis ferme les yeux si tu le désires, ce sera plus facile pour ressentir ce petit jeu du ballon qui s'amuse !

Inspire de l'air par le nez doucement... Tu sens cet air, qui peut être chaud ou froid, rentrer dans ton nez ?... Souffle doucement par la bouche... L'air ressort de tes poumons... Recommence en mettant toute ton attention sur ce simple mouvement... Tu inspires par le nez... Et tu souffles par la bouche... Continue à ton rythme... Ça peut te chatouiller le nez... te faire rire... Que ressens-tu ?... Tu inspires par le nez... Et tu souffles lentement par la bouche...

De nouveau frotte doucement tes paumes de main, frotte, frotte, frotte... Et pose tes deux paumes chaudes sur ton ventre... Tu sens comme c'est bon ?... Réconfortant ?... Ton ventre est-il détendu ?...

Pose ton attention sur ton ventre et imagine que ce ventre tout rond est un petit ballon... Inspire par le nez : ton ventre se gonfle comme le ferait un ballon, il se gonfle et pousse tes mains... Puis souffle lentement par la bouche : ton ventre se dégonfle et le ballon aussi, et tes mains suivent le mouvement du ventre...

Recommence : tu inspires doucement par le ventre, le ballon se gonfle, tes mains sont repoussées vers l'avant... Tu souffles par la bouche lentement, le ballon se dégonfle, ton ventre rentre avec tes paumes posées dessus... Continue à ton rythme... Tu inspires... Et tu souffles... Continue à inspirer par le nez : as-tu remarqué qu'en fin d'inspiration il y a un petit temps d'arrêt, juste avant de souffler ?... C'est naturel...

Maintenant souffle doucement par la bouche… As-tu également remarqué qu'à la fin de ton expiration tu restes un court moment tout tranquille, avant de respirer de nouveau ?… C'est normal : ton corps prend le temps, il sait comment faire…

Une dernière fois… Tu inspires… Tu souffles… Voilà, reste quelques instants en silence… Que ressens-tu ?… Plus de calme… de tranquillité…

Tu as vu comme ce petit ballon qu'est ton ventre t'apporte du bien-être quand librement il peut se gonfler et se dégonfler lentement, sans être stoppé par des énervements, des tensions ?… Ce petit ballon t'apporte le calme à l'intérieur…

Maintenant, tu sais qu'en respirant doucement tu te calmes très rapidement… qu'en jouant avec ce ballon tu peux faire partir l'énervement, le mal de ventre qui peut être trop tendu… Pratique pour ne pas rentrer dans la colère… perdre patience… Et tout ça, c'est toi seul qui le fais… Et quand tu le veux ! Car tu es très, très fort ! »

2

La respiration complète : la relaxation corps-esprit

Cette deuxième méditation utilise les « trois étages » de la respiration : abdominale, thoracique, scapulaire (au niveau des épaules). Elle oblige l'enfant à utiliser consciemment toute sa capacité respiratoire et à ressentir l'apaisement général que celle-ci entraîne. Cette méditation de base s'appuie sur l'image d'une vague lente qui monte et descend sur le sable fin. L'analogie est très intéressante car elle englobe aussi bien le mouvement que la douceur et l'énergie, des notions importantes dans la vie des petits !

Repérez bien le fil conducteur de cette méditation et allongez-vous à côté de votre enfant la première fois. Ayez une voix régulière. **Cette respiration complète va le relaxer profondément, masser ses intestins, assouplir son diaphragme, mais aussi le mettre dans le présent de ses fatigues ou de ses énervements.** Comme il va se laisser aller à la limite de l'endormissement, il doit se sentir en confiance à côté de vous. Adoptez un débit verbal lent, hypnotique.

Posture corporelle souhaitable

Allongé sur le dos, le corps bien en contact avec le sol, les yeux fermés si possible.

Durée

5 à 15 minutes.

Pour tous.

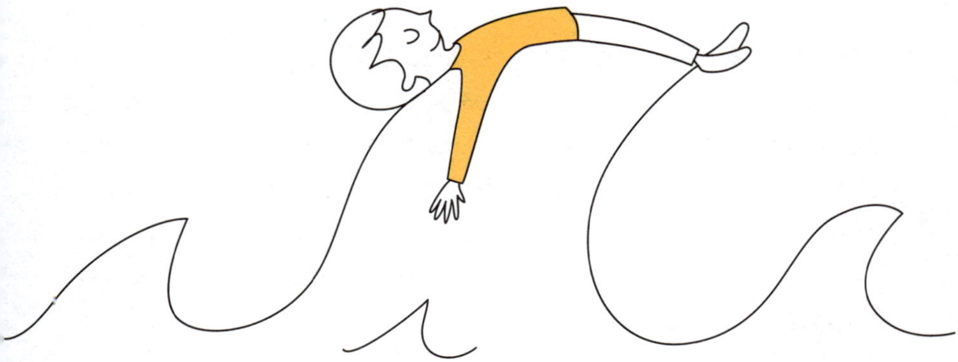

La vague roule sur le sable

« Allonge-toi sur le dos… Tes épaules sont-elles bien au contact du sol ?… Rectifie si nécessaire… Ton bassin, le sens-tu bien posé ?… Et tes talons, sont-ils bien en contact, posés eux aussi sur le sol ?… Si tu le désires, ferme les yeux, ce sera plus simple pour devenir comme une vague… Oui, tu vas jouer à être une vague…

Pour commencer, respire en posant ton attention sur ton ventre… Pose tes mains dessus… Le sens-tu tendu, détendu ?… Inspire de l'air par le nez et sens comme ton ventre se gonfle, et quand tu souffles lentement, comme il descend… C'est la première partie de la vague… Imagine : tu inspires de l'air par le nez, la vague se lève…

Tu souffles, la vague redevient lisse... Encore une fois... Tu inspires, la vague se lève... Tu souffles par la bouche, la vague se défait...

Sens-tu comme tu es déjà plus calme ?... Pour devenir une vague encore plus grande, tu vas respirer en sortant doucement tes poumons... Pose tes mains dessus... Dirige ton attention sur tes poumons... Donc tu inspires par le nez et tu sens tes poumons qui se gonflent, la vague se forme... Tu souffles, tes poumons se dégonflent, la vague redescend...

Tu as senti tes poumons se remplir d'air et se vider ?... C'est la seconde partie de la vague... Tu inspires, tes poumons se gonflent... Tu souffles lentement, tes poumons se dégonflent... Encore une fois, laisse la vague se former en inspirant... Laisse la vague redescendre en soufflant... Mmmm, quelle tranquillité... Maintenant, pour créer de l'écume en haut de la vague, fais ceci : inspire et amène légèrement tes épaules vers l'arrière... Et souffle en les reposant normalement...

Recommence : pose ton attention sur ta gorge et tes épaules, tu inspires, tes épaules vont un peu vers l'arrière, l'écume se forme en haut de la vague ; tu souffles, les épaules se repositionnent normalement, et l'écume redescend de la vague... Inspire... Souffle...

Comment te sens-tu ?... Bien ?... Détendu ?... Alors fais aller et venir sur le sable fin une belle vague, douce et puissante... Pour cela, c'est simple : tu inspires, et ton ventre se gonfle, puis tes poumons se gonflent, et tes épaules vont en arrière ; et tu souffles, tes épaules se repositionnent, tes poumons se dégonflent, ton ventre se dégonfle.

Tu as compris ?... Bien sûr, fais-le à ton rythme... Tu inspires doucement, tu sors le ventre, tu gonfles tes poumons, tu amènes tes épaules vers l'arrière... Tu souffles, tu ramènes tes épaules et tu vides tes poumons, puis ton ventre... C'est ainsi que ton corps forme une belle vague qui va et vient sur le sable lisse... Tu inspires... Tu souffles... Tu inspires... Tu souffles... Tu inspires... Tu souffles... Tu sens comme tout ton corps est détendu ?...

Si tu as froid, pose une couverture sur ton corps et reste ainsi quelques instants à profiter de ce calme... Tu es une vague qui s'amuse doucement sur le sable fin...

Maintenant tu sais qu'en faisant la grande vague tu te sens complètement relaxé, que tu pourrais même t'endormir en faisant aller sur le sable cette vague encore plus longtemps. Souviens-t'en ! »

Matériel
Une couverture (en se relaxant, votre enfant peut avoir froid). Vous pouvez aussi prévoir une musique avec des sons de la mer en fond, à écouter pendant la méditation, ou à la fin de celle-ci.

3

La prise de conscience de chaque partie du corps

Cette troisième méditation invite votre enfant à détailler chaque partie de son corps en s'investissant par le souffle. Beaucoup de jeunes « se moquent » d'avoir un corps : tant qu'il marche, tout va bien ! Le connaître et être à l'écoute de son langage est une aide considérable afin de mieux vivre, mieux comprendre, mieux apprendre. C'est ainsi qu'ils en prennent soin et l'investissent, comprenant que le corps est également un moyen de communiquer avec les autres et d'être présent à ce qui les entoure.

C'est parce qu'il est bien centré que votre enfant construit son attention et développe son système de communication. Lisez tranquillement ce texte comme un conte, **laissez le temps à votre enfant de ressentir chaque partie de son corps afin qu'il soit disponible à ce qu'il vit dans le présent.** Vous avez ici un canevas de base, vous pouvez le développer d'une manière plus précise ensuite, en l'invitant à poser son attention sur une partie de son corps ou par exemple, sur une zone « problématique » (il tombe toujours sur le même genou, se blesse le même poignet…). Il va ainsi intégrer la méditation à son vécu corporel.

Posture corporelle souhaitable
Allongé sur le dos, ou assis dos droit mais relax. Certains enfants vont mieux « se retrouver » en étant un peu plus décontractés.

Durée
5 à 10 minutes.

Pour tous.

La balade de la libellule

« Imagine qu'une libellule toute bleue vient se poser sur ta main droite... Tu sens son petit poids sur ta main ?... Ta main est-elle plus lourde ?... Sens-tu de la chaleur ?... Du froid ?... Alors tu inspires par le nez doucement et tu souffles par la bouche en direction de cette libellule... Hop, elle est partie !

Du coup, elle va se poser sur ton épaule droite... Tu sens comme elle te picote l'épaule en bougeant ?... Inspire et souffle dessus...

Hop ! La coquine libellule vient danser directement au centre de ton front, quelle insolence !... Commence-t-elle à te chatouiller ?... Tu fronces les sourcils et plisses le front, tu inspires et, hop, tu souffles dans sa direction...

La voilà qui n'hésite pas, cette belle libellule, à se poser sur ton épaule gauche... Incroyable, elle rigole, elle se moque ! Ressens encore son poids sur ton épaule... Inspire par le nez et souffle dans sa direction. Vlan ! Cette fois, elle l'a senti passer !...

Elle fait comme elle peut pour arriver sur ta main gauche... Comme elle ne bouge pas, sens-tu ta main plus chaude ?... Plus froide ?... Inspire et souffle sur la libellule...

La voici posée au milieu de ton ventre, elle fait des claquettes, elle danse !... Ressens comme ton ventre se détend, tu sens comme il est apaisé, presque mou ?... Inspire et fais ressortir ton ventre, souffle en direction de la libellule... Hop, elle surfe sur l'air que tu viens de lui envoyer !

Et elle s'arrête sur ton genou gauche... Tu la ressens sur ton genou gauche ?... Elle te sourit ! Elle s'amuse bien !... Inspire de l'air, souffle : la libellule a compris, elle va se poser sur l'autre genou !... Ses ailes toutes bleues t'attendent, elle adore surfer sur l'air, alors inspire... et souffle dessus.

Hop ! La libellule va se poser sur le bout de ton pied gauche... Pour la faire partir, cette fois étends les pointes de tes deux pieds vers le sol doucement en inspirant... Et souffle en les faisant remonter lentement... Recommence : tu inspires, les pointes des deux pieds s'abaissent ; tu souffles, les pointes remontent...

Une dernière fois, tu inspires... Tu souffles... Ça y est, cette fois la libellule est partie... Comment te sens-tu ? Tu as chaud ? Froid ?... Reste quelques instants les yeux fermés à te reposer. Tu as compris comme tu peux facilement poser ton attention sur chaque partie de ton corps, quand c'est nécessaire ?... C'est très utile pour être disponible à tout ce qui t'entoure...

Et quand tu as du mal à être bien concentré, que tu te sens absent du monde, reviens à ta respiration : tu te sentiras à l'aise dans ton corps, proche des gens et heureux ! »

4

La prise de conscience de l'agitation mentale : identifier les pensées parasites

Prendre du recul vis-à-vis des pensées perturbatrices aidera grandement votre enfant à ne pas tomber dans l'agitation ou dans l'inquiétude, souvent dues au manque d'analyse du présent, brouillé par les pensées à répétition.

Cette quatrième méditation a pour but d'**aider votre enfant à prendre conscience que les pensées qu'il émet peuvent agir sur ses humeurs du moment**. Prenez une feuille de dessin et des crayons de couleur. Faites-lui dessiner simplement en bas un lac, et juste derrière une montagne qui monte vers un ciel vide de tout. Vous pouvez aussi faire un collage ou un photomontage. Sont proposés dans le texte qui suit des éléments symboliques, comme les oiseaux, le tonnerre, la pluie, le soleil… Mais votre enfant peut en trouver d'autres avec vous !

Posture corporelle souhaitable

Assis dos droit, mains sur les genoux.

Durée

5 à 10 minutes.

Pour tous.

Le lac calme et la montagne immobile

« Pose simplement ton regard sur le lac calme ou la montagne immobile... Inspire par le nez en sentant ton ventre qui se soulève légèrement... Souffle par la bouche doucement... Encore... Inspire... Souffle... Inspire doucement... Souffle lentement... Laisse ton regard se balader mais uniquement sur le dessin... Tu vois comme ce lac est calme... plein de douceur... Inspire... Souffle... Regarde comme la montagne est tranquille... immobile... Rien ne peut la déranger...

Dès que tu sens venir à toi une pensée qui t'emmène ailleurs que sur le dessin, tu le dis et tu dessines juste la lettre « v » dans le ciel du dessin, comme un oiseau qui passe... Puis tu reviens à l'observation du dessin... Et tu respires calmement...

Une autre pensée, une envie de faire autre chose : tu le dis, tu notes cela dans le ciel avec un oiseau qui passe, et tu reviens à l'observation du dessin... Tu inspires doucement en sortant le ventre... Et tu souffles lentement par la bouche en le rentrant...

Tu es calme comme le lac... tranquille comme la montagne... Tu peux avoir envie de bouger, tu sens un peu de tristesse, tu le dis... Tu dessines juste un peu de pluie dans le ciel... Et tu reposes ton regard sur la montagne... Elle est immobile... Les oiseaux passent, il peut pleuvoir, grêler, elle reste là... imperturbable et toujours aussi belle... Inspire... Souffle...

Tu peux ressentir de l'énervement, tu penses à un mauvais souvenir, tu as mal quelque part ?... Tu le dis et tu dessines l'éclair du tonnerre... Et tu reviens au lac... à la montagne... Et l'éclair et le

Temps calme !

tonnerre passent... Et le lac est toujours aussi tranquille, la montagne imperturbable...

Si tu veux, tu peux dessiner quelque chose qui ne va pas en toi depuis longtemps, qui te rend mal à l'aise, le ciel est là pour cela... Tu en as envie ?... Alors fais-le... Et reviens à ta respiration... lente... régulière...

Mais dis-moi : tu as vu comme tes pensées ou sensations peuvent t'emmener bien loin de ce que tu vis dans le présent ?... Alors que tu regardes le dessin, tu penses parfois à autre chose, et finalement tu ne profites pas de la beauté du lac, de la majestueuse montagne... Inspire par le nez... Souffle par la bouche...

Désormais dans la vie de tous les jours, quand tu sentiras que tu es envahi par des pensées qui n'ont rien à voir avec ce que tu fais, reviens à ta respiration par le ventre... Repense à la montagne immobile, au lac tranquille...

Si quelque chose "te prend la tête", tu le dis et tu le laisses s'envoler comme l'oiseau dans le ciel. Toi, tu restes la montagne, le lac tranquille... Tu te sentiras beaucoup mieux, comme libéré, léger dans ta tête et dans ton corps... »

5

Apprendre à contrôler son souffle : s'ouvrir à la détente émotionnelle

Cette cinquième méditation s'adresse aux enfants dont le système respiratoire semble désordonné : inspiration trop courte, blocage du diaphragme à cause de la peur, bouche ouverte en courant… Savoir que l'on possède une forte ou une faible capacité respiratoire est en effet essentiel : cela permet d'adapter sa respiration et d'agir directement sur l'état émotionnel ou mental que l'on vit.

L'expiration longue et régulière est la clé de l'apaisement émotionnel. Le mieux, afin que l'enfant apprenne à agir par le rythme respiratoire, est d'avoir recours à des exercices ludiques. Souffler dans une paille va l'obliger à serrer les lèvres et à mieux contrôler son expiration – source de mieux-être. Faites-le avec lui en restant dans la catégorie « loisir », pas « concours » ! Suivez bien les étapes proposées ci-dessous. Répétez régulièrement cet exercice. La paille sera toujours placée au fond du verre.

Posture corporelle souhaitable
Dos droit, position stable afin de rester concentré.

Durée

5 à 10 minutes.

Pour tous.

Matériel
Une paille, un verre, de l'eau.

LA PAILLE FAIT DES BULLES !

« Voici, pour toi et pour moi, un verre d'eau rempli au tiers. Écoute bien les instructions. Il ne s'agit pas de faire des milliers de bulles ; au contraire, les bulles doivent être régulières, et pour cela tu vas devoir souffler et inspirer à une certaine vitesse.

Ta paille est placée dans le fond du verre. Inspire rapidement par le nez... Marque une petite pause en fin d'inspiration... et souffle lentement pour obtenir un flot de bulles régulières, mais ne force pas ta respiration pour faire plus longtemps, fais à ta mesure ; moi, pendant ce temps-là, je compte : 1, 2, 3... Tu vois, tu peux tenir en gros 7 secondes (par exemple !). On est bien d'accord qu'il faut avoir des bulles régulières dans le temps – pas d'un coup et puis plus rien !...

Maintenant, prends une inspiration lente et plus longue que d'habitude… Vas-y et sens comme tes poumons se remplissent et poussent tes côtes sur le côté… Tu marques une petite pause… et tu souffles très lentement… Contrôle ta respiration ; moi, je compte… Tu ressens comme tu contractes tout ton ventre pour contrôler la vitesse de ton expiration ?…

Tiens, regarde comme tu as pris plus d'air dans tes poumons, tu as soufflé 2 secondes de plus que la fois d'avant !… Montre-moi en posant tes mains de chaque côté du corps, sur les côtes, comme ton torse bouge à l'inspiration… Puis place tes mains sur ton ventre et montre-moi là où tu sens que tes muscles travaillent quand tu expires… C'est énorme, la respiration !

Maintenant je remplis le verre pour qu'il soit à moitié plein ; on recommence, je compte… Tu vas voir que, comme il y a plus d'eau, tu vas devoir plus te concentrer, donner plus d'effort au niveau poumons et ventre ; le temps ne sera pas le même !… Tu le fais une fois avec une inspiration courte, et je compte… Une fois avec une inspiration longue, et je compte…

Enfin, je remplis presque à ras bord le verre. Attention, il ne faut rien renverser, et toujours avoir une production de bulles bien régulière ! Plus ton expiration sera lente, plus tu contrôleras le fait de ne pas éclabousser !

Tu te sens comment ?… L'avantage de cette respiration avec une expiration longue et régulière est que, dès que tu te sens flagada, pas en forme ou explosif, tu peux rapidement te retrouver bien, disponible, en pleine forme et calme ! »

6

L'ÉCHAUFFEMENT DU CORPS PROPICE AU SILENCE ET À LA CONCENTRATION

Cette sixième méditation utilise l'échauffement musculaire pour revenir au calme. Les enfants sont en effet de plus en plus agités. Ce n'est pas simplement lié à leur âge, mais au fait qu'ils passent beaucoup de temps devant des écrans, le corps tassé. Cette mobilité réduite affaiblit le métabolisme sanguin. Lorsqu'ils se remettent debout, leur corps cherche alors à relancer l'influx nerveux, et cela devient vite le « grand n'importe quoi » ! Voici une méditation taoïste qui aidera votre enfant à retrouver de l'harmonie dans tout ce qu'il entreprendra physiquement.

Ces mouvements agissent sur la souplesse musculaire et le travail thoracique. Le corps de l'enfant retrouve une harmonie grâce à l'équilibre nerveux. Bien sûr, il est préférable au début de faire avec lui ce petit chemin de bien-être. Faites respecter le silence et poussez-le à l'écoute de ses propres réactions musculaires pendant les mouvements. Veillez à ce qu'il reste détendu lors de cette méditation, sans crispation.

Posture corporelle souhaitable

Debout, avec une tenue ample et légère. De la place pour pouvoir bouger.

Durée

5 à 15 minutes.

Pour tous.

LA DANSE DU SILENCE

« Fais avec moi ces enchaînements, mais lentement. Décompose bien tes mouvements, fais attention à chaque sensation que tu éprouves, sois totalement investi… Et surtout fais le silence : pas de paroles ou d'idées, toi seul dans ton corps en mouvement ! »

1. « Tu es genoux fléchis, paumes tournées vers le sol. Très lentement en inspirant doucement par le nez, tu te redresses tout en amenant tes bras tendus devant toi à hauteur d'épaules. Et de nouveau tu fléchis les genoux en amenant tes bras tendus à hauteur de ton nombril. Recommence 6 fois. »

2. « Tu es genoux légèrement pliés, bras le long du corps, pieds un peu écartés. Tu inspires lentement en te redressant et en soulevant les épaules, ce qui fait monter tes paumes de main ouvertes sur le côté, puis tendre les bras à hauteur d'épaules. Tu souffles par la bouche en redescendant tes paumes sur le côté et en rabaissant tes genoux. Tout cela en silence, dans la sensation de souplesse, de douceur. Ressens chaque muscle au travail. Fais cela 7 fois. »

3. « Tu commences genoux fléchis, tu te tournes vers ta gauche et tu lèves tes deux bras sur le côté en inspirant. Tu les montes au-dessus de ta tête en les suivant du regard et en te redressant, puis tu souffles en les abaissant de l'autre côté. Et là, tu recommences en partant de ta droite. Fais l'ensemble 3 fois, en silence, bien présent dans ton corps. »

1.

2.

3.

4.

4. « Tu poses une main dans l'autre (les deux paumes tournées vers le ciel). En inspirant tu tends tes bras devant toi et tu les amènes au-dessus de ta tête en dessinant un demi-cercle. Là, les mains se séparent, et tu abaisses tes paumes de chaque côté du corps afin de dessiner un grand O et de les reposer l'une dans l'autre à hauteur du nombril. Fais cela 3 fois. »

5. « Termine en faisant une pause. Ressens le calme en toi, comme ton corps apprécie d'être respecté, aimé... C'est ton véhicule pour toute ta vie, et il n'y aura que celui-là ! »

5.

7

Dénouer les tensions internes : une clé du bien-être corps-esprit

Cette septième méditation utilise le côté tactile pour neutraliser les « champs électriques » de l'enfant trop nerveux dont le corps semble « branché » en permanence, jamais au repos. Il est en appui avec une cheville toujours tordue, se ronge les ongles en permanence, cligne des yeux… Certains arrivent à faire l'impasse sur tous ces signes de trop-plein, jusqu'au moment où l'irritabilité et le stress interviennent brutalement (explosion de colère, volonté de nuire, caractère difficle)… L'enfant reporte alors tout sur les autres.

L'automassage permet d'appuyer sur des points réflexes qui vont soulager des muscles ou des organes. Votre enfant est dans la réceptivité, le bien-être et l'autonomie. Poussez-le à dire ce qu'il ressent, faites cet exercice en même temps que lui, et échangez sur le thème de la douceur et du mieux-être.

Posture corporelle souhaitable
Assis, à l'aise.

Durée
5 à 15 minutes.

Pour tous.

1. 

2. 

Le gros matou tout fou !

1. « Imagine que tu es un gros matou tout fou !... Tu as besoin de te calmer... Alors comme ce matou, amuse-toi à bien connaître ton corps. Ouvre ta patte de la main droite. Avec le bout de ton pouce gauche, viens au centre de l'autre patte tournée vers le ciel... Dessine des spirales en appuyant sur tout le centre de la patte retournée... Miaou ! C'est bon, non ?... Que ressens-tu ?... Est-ce détendu ?... Est-ce tendu ?... Recommence et appuie bien avec le pouce, en faisant des spirales... Si tu sens un point douloureux, appuie dessus et relâche tout de suite. Fais cela plusieurs fois... Ça te fait du bien ?... On passe à l'autre patte... »

2. « Maintenant, frotte tes deux paumes de main. Une fois qu'elles sont chaudes, passe le bout de tes dix doigts des deux pattes du milieu du front vers les tempes... Recommence plusieurs fois... Sois doux... Tu sens comme tu en as besoin ?... Que ressens-tu ?... Masse doucement tes tempes avec tes doigts en faisant de petits cercles... Tu sens comme tout ton crâne profite de cela ?... Que ressens-tu exactement ?... Passe à tes joues : dessine des cercles en massant chacune d'elles avec le bout des cinq doigts de chaque main... Puis fais un petit shampoing sur ton crâne en étirant

3.

4.

doucement tes cheveux : tu vas voir, c'est agréable ! Miaouuu ! C'est tout doux ! Ensuite, tire délicatement sur la peau de ton cou, comme pour la décoller... Est-ce douloureux ? Alors maintenant masse ta nuque en passant plusieurs fois tes paumes dessus, du haut vers le bas... C'est mieux ? Raconte ce que tu ressens... »

3. « Continue en tapotant, avec le poing fermé de ta patte droite, toute la partie qui va du cou à ton épaule gauche... Tapote, tapote... Est-ce tendu ?... Mou comme du beurre ?... Passe à l'autre côté.. On continue ensemble en allant tapoter doucement toute la cuisse droite... le mollet... Et on remonte jusqu'au bassin... Tu as senti des tensions sur ta jambe ?... Allez, on passe à l'autre... »

4. « Pour terminer, prends la voûte plantaire de ta patte arrière gauche et masse tout le centre avec le pouce de ta patte avant droite... Tu as des points où cela te fait mal ?... Dans ce cas, appuie et relâche plusieurs fois... Tu sens comme le point se détend ?... Passe à l'autre patte arrière... Toute ta patte est-elle bien détendue ?...

Tu as vu comme ton corps peut parfois être tranquille, parfois énervé et tendu ?... C'est pour cela qu'il faut toujours écouter le moindre de ses messages et réagir ! Tu éviteras ainsi parfois des crises de nerfs ou d'impatience. Maintenant tu sais comment agir et réagir ! Tu seras un matou tout fou, mais tranquille ! »

8

Expulser l'air pour mieux respirer : dé-stress immédiat

Cette huitième méditation utilise des mouvements d'expulsion d'air. Colère, montée de violence, agression verbale : avant de réussir à ramener l'enfant vers son équilibre nerveux, il faut d'abord le canaliser en le laissant « sortir de lui » tous ses poisons. Il retrouvera ensuite un espace intérieur où il pourra revenir au calme. Cette méditation simple est utile en cas d'urgence, mais aussi pour le préparer quand vous savez qu'un événement inévitable risque de l'atteindre. On parle donc ici de préventif et de curatif.

Faites régulièrement ces mouvements. **L'enfant va comprendre comment le souffle et la compression d'air peuvent l'aider à ne pas céder à la violence.** Insistez bien sur le calme qui revient, les sensations de dé-stress qui se créent. Mettez-vous face à lui et amusez-vous !

Posture corporelle souhaitable
Assis, avec de l'espace autour. Tenue souple.

Durée
5 à 10 minutes.

Pour tous.

Comment le monstre devient doux et tendre

« Bouuh ! Tu es un monstre effrayant, agite avec moi tes mains en l'air. Bouuh ! Dis-le avec moi : "Je suis un monstre effrayant ! Bouuh !" Mais qu'est-ce qui m'empêche de bouger sur chaque côté de mon corps ? Un mur à ma droite ! Un mur à ma gauche ! Je vais les écarter pour mieux respirer.

Fais comme moi : plie tes bras vers ta gorge en inspirant par le nez et déplie-les très, très lentement, paumes ouvertes vers l'extérieur en soufflant avec les lèvres presque fermées. Imagine que tu repousses les murs sur les côtés. Refais-le ! Agite tes mains et dis : "Je suis un monstre, faut pas m'embêter ! Bouuh !" Et tu plies tes bras en inspirant fortement... Et tu souffles, lèvres presque fermées, tout en dépliant tes bras très lentement, paumes ouvertes vers les murs !... Mais un frein t'empêche d'écarter les murs ? Pas question ! Tu les pousses, tu les pousses, tu les écartes en soufflant ! Une dernière fois... Tu inspires... Tu souffles... Les murs sont tombés... »

« Ensuite, tu inspires en posant tes deux poings fermés sur le centre de ta poitrine et en appuyant un peu dessus...

Tu inspires lentement, encore, encore, et vlan ! Dis : "Faut pas m'embêter !" Tu souffles d'un seul coup en balançant tes mains vers l'avant et en te pliant vers le sol...

Ça va déjà mieux ?... Tu sens comme ta nervosité s'en va ?... Recommence : tu inspires, tes deux mains sont sur le centre de ta poitrine... Tu appuies un peu... Et vlan, dis : "Faut pas m'embêter !" Et tu souffles d'un coup, bras en avant et mains pendantes, et tu plies le haut de ton corps !...

Une dernière fois... Tu inspires... Tu appuies... "Faut pas m'embêter !" Et tu souffles ! Le monstre s'est assagi ! »

« Maintenant, ferme tes yeux... Doucement place une paume de main sous le nombril et une sur le haut de ton ventre (plexus solaire).

Imagine que tu es entouré par une douce chaleur, comme les rayons du soleil en été... Tu ressens cette chaleur... Vois comme tu es devenu plus sage... agréable... Tu ressens la tranquillité en toi ?...

Maintenant pose une paume de main sur le haut de ton ventre et l'autre au milieu de ta poitrine... Imagine un grand champ tout vert... Vois comme le vert du champ t'entoure, te rend pacifique... Et puis imagine un grand ciel bleu... Ressens comme le bleu te met en paix avec toi-même... Il est si doux, ce bleu... Enveloppant... Sécurisant... C'est quand même mieux d'être en paix avec tout le monde et toi-même, non ?...

Dès que tu sens venir de la violence, fais ces mouvements, imagine du vert et du bleu : tout se passera beaucoup mieux pour toi comme pour les autres, qui peuvent mal vivre tes colères. Pense aussi à eux en faisant cela... ! »

Conseil
Ouvrir la fenêtre pour aérer !

9

Agir sur ses peurs et se sentir en sécurité

Cette neuvième méditation aide l'enfant à construire un sentiment de sécurité. Petits et grands éprouvent toujours de la peur et de l'anxiété dans leur apprentissage de la vie. Cette expérience est d'ailleurs nécessaire pour qu'ils se renforcent. Il est très important de le leur expliquer afin qu'ils ne somatisent pas. La méditation proposée ici va leur permettre de comprendre comment la peur agit sur eux et comment la déconnecter.

Dire sa peur, la localiser sur le corps, prendre du recul, apprendre à la transformer : ce sont les quatre phases basiques de cette méditation. Faites d'abord cet enchaînement avec votre enfant afin qu'il repère bien le processus, puis laissez-le se l'approprier. Il peut choisir de ne pas s'exprimer verbalement, mais par le balancement. Laissez-le faire : là aussi il faut lui faire confiance. Ce texte est un canevas de base, à vous bien sûr de l'aménager selon les besoins du moment.

Posture corporelle souhaitable
Assis en lotus, dos droit, ou au bord d'une chaise.

Durée
5 à 15 minutes.

Pour tous.

Conseil
Ambiance de pièce chaleureuse.

Le chaton au clair de lune

« Imagine : tu es comme un petit chaton face à un clair de lune… Avec ta patte droite, tu masses le centre de ta poitrine… Tu te câlines… Tu es un tout petit chaton si mignon…

Et puis, avec ta patte gauche, tu masses tout le haut de l'abdomen (du ventre)… Ça fait du bien… Comme tous les petits chatons, tu as un peu peur, assis devant cette lune immense. La peur, c'est normal, naturel… Après ce n'est pas à elle de te dominer, mais à toi…

Puis le chaton que tu es se balance tout doucement vers sa droite... vers sa gauche... La lune, voyant cela, te demande : "Mais de quoi as-tu peur, petit chaton ? Je suis là et t'éclaire, rien ne peut t'arriver, raconte-moi..."

La lune a raison : raconte si tu as peur de quelque chose, dis-le maintenant... Tu peux fermer les yeux... Oh, écoute, on prend un code : si c'est une petite peur, tu continues à te balancer doucement sur les côtés... Si c'est une grosse peur, tu te balances d'avant en arrière doucement, d'accord ?... Alors balance-toi et raconte... Bien...

Si la peur était posée quelque part sur ton corps, où seraitelle ?... Elle te fait mal, cette peur ?... Écoute ce qu'elle a à te dire, car à ton avis d'où vient-elle ?... À partir de quoi s'est-elle formée ?... Un événement particulier ?...

Imagine maintenant que tu poses cette peur dans tes mains. Tu peux aussi le faire, comme si c'était une petite plante toute sèche, sans pétales... Redis-la mentalement... Inspire calmement par le nez, souffle lentement par la bouche...

Maintenant, imagine que tu as en toi la force du soleil. Et c'est vrai, tu l'as ! En inspirant par le nez grâce à l'air qui passe, tu accumules en toi de la chaleur du soleil, de la beauté de ses rayons. Vas-y : inspire du soleil... Et tu souffles de la vie sur cette plante qui est entre tes mains... La plante commence à changer de couleur...

Recommence... Tu connais ta peur... Tu sais là où elle te fait mal... Tu acceptes qu'elle existe : ce n'est pas grave... Elle va s'en aller... Pour cela, tu inspires de la chaleur du soleil... Et tu souffles sur ta peur... Que veux-tu qu'elle devienne, cette peur ?... Une grande fleur multicolore, un arbre joyeux ?... Raconte... En en parlant, cette peur change... Elle existe encore un peu, mais n'est plus active... Et la plante ou l'arbre commence à prendre une couleur plus claire, avec des feuilles ou des pétales joyeux...

Encore une fois... Tu inspires du soleil... Tu souffles de la vie sur ta peur... Et ta peur devient plus légère, plus belle...

Si à un moment tu as senti qu'elle était posée à un endroit sur ton corps, frotte tes paumes de main, frotte, frotte, et quand elles sont chaudes, pose-les sur cet endroit où tu avais mal... Vas-y... Ce sera comme un pansement sur un bobo... Cela va aider à refaire un espace tout neuf, tout propre !...

Tu te sens comment, maintenant ?... Raconte... Finalement la peur est passagère, il te faut en parler bien sûr, c'est plus simple, elle devient vite inactive...

Et si elle te fait mal à un endroit particulier, parles-en et pose ton pansement personnel dessus ! »

10

MÉDITATION D'ÉCOUTE ET D'ATTENTION : DE L'ORDRE DANS SES PENSÉES

Cette dixième méditation apprend à votre enfant à se rendre compte de tout ce qui se joue en permanence dans sa tête et son corps. Le principe est très simple : l'enfant rentre en observation personnelle et signale par une main qui touche l'autre qu'il est en train de penser, ou qu'un signe du corps lui parvient, ou qu'il joue toute une scène dans sa tête… Tout cela sur une durée de 5 minutes d'abord, puis sur 5 autres minutes. Il apprendra à faire le vide temporairement et comprendra que face à tous ces phénomènes, il possède en lui plein de ressources et de sérénité qui ne demandent qu'à s'exprimer.

Le côté tactile ramène l'enfant dans son corps et lui permet de poser un regard sur ce qu'il vit. Il l'empêche également de s'évader ailleurs. Ramenez-le toujours dans le présent : c'est son véritable ancrage. Si possible, prenez un tissu bleu clair et posez-le sur le bureau (le bleu calme et aidera à la concentration dans ce cas-ci).

Posture corporelle souhaitable
Assis, mais décontracté.

Durée
2 fois 5 minutes.

Pour tous.

Matériel
Un tissu bleu clair.

La paix est cachée derrière le son des vagues

1. « Pose ton regard juste devant toi vers le bas (ou sur le tissu bleu)… Essaie de rester silencieux… Inspire lentement par le nez, souffle doucement par la bouche… Encore 2 fois… Profites-en pour sentir ton ventre qui se gonfle quand tu inspires de l'air… Souffle et vois le ventre qui se dégonfle… Inspire… Souffle… Sans lever ton regard, reste simplement à inspirer et expirer…

Tu es silencieux, tout va bien… Maintenant que se passe-t-il à l'intérieur de toi ?… Est-ce silencieux ?… Complètement silencieux ?… Tu connais le silence… Quand par exemple tu vas dans un endroit et qu'il n'y a personne qui parle, aucun bruit qui ne se fait entendre… Est-ce le même silence qui est en toi ?…

Alors écoute : je te propose de noter simplement tout ce qui arrive en toi, quand tu y es attentif… Dès que tu as une pensée, ta main droite touche ta main gauche… Tu fais pareil si tu as besoin de te gratter, si ton corps te dit qu'il est chaud ici, froid là… Ta main touche l'autre, tout simplement… Vas-y, et ne détourne pas ton regard du tissu bleu qui est devant toi… C'est ton repère pour bien développer le silence en toi… Dès que tu pars en rêverie, hop, ton regard te ramène sur le bleu du tissu… Vas-y, respire doucement, on fait cela quelques instants, je te dirai quand arrêter… »

2. « Frotte tes paumes de main et pose-les, bien chaudes, sur tes yeux fermés... Est-ce que tu sens quelque chose ?... Frotte de nouveau tes paumes de main, poses-en une, chaude, sur chaque oreille et ferme les yeux... Est-ce que tu entends quelque chose ?... S'agit-il de sons particuliers ?... Sont-ils forts ?... Doux ?...

D'accord, alors maintenant ne prête pas attention à ces sons... Laisse-les jouer dans ton oreille, c'est tout... Comme si tu entendais le son de la mer en fond, mais que toi, tu te concentrais sur autre chose caché derrière... Si tu as une démangeaison, laisse-la, elle va s'en aller... Si tu penses à un souvenir, laisse-le venir et partir, ne te jette pas dedans, tu as autre chose à faire... Simplement découvrir ce qu'il y a derrière le son de la mer...

Tu sens cette détente qui vient en toi... comme tu es calme... paisible... ? Te rends-tu compte, quand tu laisses tous les sons, les signes de ton corps ne pas t'embêter, comme il existe derrière tout cela un bel espace de paix... d'amour... de tranquillité... de calme ?... C'est important que tu comprennes cela...

En toi, dès que tu le veux, tu peux retrouver cet espace paisible qui n'appartient qu'à toi... Tu y restes en paix, tu y es bien... Tu y es aimé...

Alors n'hésite pas à faire cette méditation régulièrement car dès que tu le désireras, tu te sentiras calme et tranquille, bien loin des bruits ou des sons habituels... »

11

Le cas des enfants qui papillonnent, entre dix idées à la fois !

Ces enfants paraissent parfois brouillons, souvent excités car incapables de choisir un seul point d'intérêt véritable. Ils peuvent « butiner » selon leurs envies, sans s'attacher à développer quoi que ce soit. Dans leur fonctionnement, le présent ne peut se vivre que par petites séquences courtes, à base aussi d'adrénaline. Malheureusement l'épuisement mental les guette et peut vite virer au stress !

Nous vous conseillons de pratiquer au début cette méditation avec votre enfant. **En apprenant à respirer consciemment par le nez, il va prendre conscience de ses capacités d'agir pour son bien-être**. Comme le but de l'exercice est de développer une notion d'espace-temps qui le contrarie, vous allez le présenter comme un petit conte interactif. Vous adapterez sa durée en fonction des besoins du moment.

Posture corporelle souhaitable
Chacun est assis sur le rebord d'une chaise ou le fessier au sol, paumes de main sur les genoux, le dos droit mais pas tendu. Commencez les yeux ouverts face à votre enfant, après avoir frotté légèrement le bout de vos doigts et les siens sur la peau d'une orange.

Durée
5 à 15 minutes.

Pour les plus grands.

Matériel
Une orange.

Le conte du vent

« Écoute simplement tout ce qui se passe autour de nous, les sons de la maison ou de la nature... Certains sont-ils proches ?... Lointains ?... (Soufflez doucement avec votre bouche.) Écoute le vent qui vient vers nous, tu l'entends ?... (Faites-le de nouveau.) Tu sais que toi aussi, tu connais déjà le vent ? Fais comme moi, ferme tes petits yeux... Pose juste ton attention sur ta respiration... Écoute...

Quand tu inspires, l'air rentre par le nez et gonfle ton ventre et tes poumons... Quand tu souffles, il sort aussi par les narines... Tu entends le vent... Essaie encore et écoute bien... Inspire doucement : tu dois sentir le vent qui chatouille tes narines... Souffle : le vent repart à l'aventure en glissant sur toi. Reste les yeux fermés et joue avec ton ami le vent qui s'amuse à rentrer et sortir par ton nez...

Dès que tu penses à autre chose, tu reviens à l'air qui rentre et sort ; c'est ton repère pour ne pas perdre le vent !... Maintenant, le vent est un peu plus fort quand tu inspires, alors fais un petit peu de bruit en inspirant plus fort, mais lentement... Souffle : le vent est bruyant...

Recommence en t'aidant avec tes mains : tu inspires en les écartant et tu souffles en les rapprochant... Encore une fois...

Laisse une main devant ta bouche, imagine que le vent qui voyage t'amène les parfums d'orange... Inspire en sentant l'odeur de ta main, ça sent l'orange ! Souffle : le vent est chaud et vient caresser ta main... Encore une fois, tu inspires et tu sens le parfum de l'orange... Éloigne ta main, souffle : cette fois, c'est de l'air froid

Temps calme !

qui vient caresser ta main... Continuons ensemble en silence quelques instants...

N'oublie pas : si tu pars dans tes rêveries, reconcentre-toi en appelant ton copain le vent, écoute son histoire, le son, la douceur qu'il possède en pénétrant par tes narines et en sortant par elles... »

Conseil
Vous pouvez aussi choisir une goutte d'huile de lavande, ou frotter auparavant la main de l'enfant avec une herbe aromatique telle que l'estragon, la menthe ou la coriandre. Jouez bien avec le volume du vent, vous pouvez aller jusqu'à la tempête pour un enfant nécessitant d'être stimulé, mais toujours avec des expirations longues et régulières, pas de saccades. Insistez aussi sur l'effet créatif (main rapprochée = vent chaud ; main éloignée = vent froid) et sur le fait d'accompagner l'inspiration avec les mains, car ce mouvement ouvre les poumons. Alternez bien entre souffler avec le nez et souffler avec la bouche.

12

Si vous avez un enfant volcanique, toujours prêt à en découdre

Ce type de comportement peut se manifester par une forme d'agressivité parfois tyrannique, tant l'espace est saturé par le côté explosif de l'enfant. Un jour chevalier, le lendemain guerrier de l'espace, il fend l'air avec de grands gestes qui se terminent généralement par la mise à mort d'un oreiller ou d'un livre !

Il est donc important d'apprendre à l'enfant à se regrouper, un peu comme on le fait pour les bébés qui ne se sentent pas sécurisés (une main sur le plexus, l'autre tenant ses deux poings rapprochés). L'idée est de l'obliger à maîtriser instantanément tous ses mouvements, à canaliser son énergie en étant attentif à tous ses gestes, puis à les développer progressivement. **C'est ainsi qu'il pourra revenir dans l'ici et maintenant en étant clair et disponible.** Vous allez donc aborder avec lui cette méditation très simple.

Posture corporelle souhaitable
Debout, en pensant auparavant à un parcours possible, aussi bien dans la maison qu'en pleine nature.

Durée
5 à 10 minutes sont déjà très efficaces.

Pour les petits.

LA MARCHE DE L'OURSON SILENCIEUX !

« Tu es un petit ourson qui découvre le monde et tu es dressé sur tes deux pattes arrière. Doucement tu te lèches les babines. Mmmm, ça sent le miel par ici !

Tu regardes vers ta droite lentement, puis vers ta gauche lentement... Pas d'abeilles en vue ? Alors partons à la recherche de la ruche ensemble ! Fais comme moi, j'avance le plus lentement

possible... Je lève une patte très, très, très lentement... Chut ! On ne doit pas nous entendre ! Je pose la patte au sol, les coussinets bien à plat... Et je ne bouge plus !...

Je lève la patte gauche très, très, très lentement... Je regarde en même temps sur le côté... Et je pose la patte au sol, coussinets bien à plat... Attention aux brindilles, évite-les !

On continue, une patte en l'air, puis je la pose... L'autre patte en l'air, puis je la pose... Oh ! J'entends du bruit ! Je pose mes deux pattes de devant l'une contre l'autre sur mon ventre ; rien ne peut m'arriver, je suis invisible... J'écoute... Non, toujours pas d'abeilles...

Et je recommence à avancer quelques instants lentement... Une patte... Et puis l'autre... Je m'arrête et, avec mon museau, je renifle toutes les odeurs... Snif, snif... Le miel ne me paraît pas loin ! Je lisse tranquillement chaque poil de ma moustache... Tiens ! Je tends une oreille... Voici les abeilles...

Comme je me sens un peu craintif, je donne des coups de griffe dans l'air, mais au ralenti. Je griffe vers ma droite. Grrrr... Je griffe vers ma gauche. Grrrr...

Je décide de repartir en arrière... Je lève une patte très, très lentement, et je la pose en arrière... Je ne bouge plus... Je lève l'autre patte doucement et je la pose en arrière... Je ne bouge plus... Je m'arrête... Je respire très, très doucement, les abeilles reviennent... Je pose mes deux pattes de devant l'une contre l'autre sur mon ventre ; rien ne peut m'arriver, je suis invisible...

Je décide de rester quelques instants en silence les yeux fermés, à écouter tous les sons... Et je recommence ma marche... Je mangerai du miel une prochaine fois ! »

Conseil

Aidez bien l'enfant à se dégager de son agressivité en donnant de nombreux coups de griffe, mais toujours très lentement dans l'air. Poussez-le à faire des sons d'expression comme des râles, pour qu'il se vide bien les poumons. Insistez sur la position à l'arrêt sans faire de bruit. Peu à peu, rendez performant le parcours en passant au-dessus d'un objet, sous une table, autour d'un arbre… Vous pouvez pousser plus loin en faisant jouer plusieurs enfants, le plus silencieux et le plus lent dirigeant ensuite un autre parcours découverte… Amusez-vous à cacher une petite récompense (un petit gâteau, un carré de chocolat…) dans un lieu secret. L'enfant le cherchera silencieusement, et toujours au ralenti. Compliquez l'exercice en lui faisant ouvrir et fermer tiroirs et placards en silence !

13

VOTRE ENFANT EXPLOSE DE COLÈRE

Ici nous parlons d'un enfant qui exprime des colères soudaines. Au départ, aucun signe avant-coureur, comme un petit message d'alerte verbale (voix menaçante) ou un comportement où l'agressivité est progressive. Cela arrive quand la frustration est trop grande pour l'enfant, ou lorsque les parents ne lui prêtent pas assez attention (en tout cas, il le ressent ainsi). Il peut aussi s'agir d'un caprice de diva, rien n'étant assez beau pour l'enfant roi (mais qui lui a laissé croire cela ?...).

Cette méditation commence par des mouvements d'expulsion de la nervosité pour ensuite harmoniser les émotions qui, trop refoulées, ressortent d'un coup. **Il s'agit d'amener l'enfant à s'équilibrer nerveusement,** afin qu'il ne soit ni fatigué ni en manque d'énergie. L'expression par le mime est ici parfaite car simple à réaliser. Prévoyez de l'espace pour favoriser le mouvement. Il est préférable de commencer cet enchaînement avec l'enfant pour être sûr qu'il le pratique correctement.

Posture corporelle souhaitable

Debout, on plie les genoux jusqu'à ce que les fesses se rapprochent du sol, voûtes plantaires bien ancrées et paumes de main à toucher le sol devant soi, soit à genoux directement. L'important est de veiller à la bonne coordination des mouvements ; ce n'est pas un défouloir, mais une méthode qui inclut motricité et détente. Vous pourrez bien sûr aménager le texte afin de rentrer directement dans l'aspect mouvement et respiration si l'urgence prime !

Durée

5 à 10 minutes.

Pour tous.

LA MARCHE DU GRAND SINGE !

« Ferme tes petits yeux et écoute ma voix, imagine... Tout autour de toi, il y a la jungle... Tout autour de toi, il y a une vie sauvage, avec de grands perroquets bleu et jaune, des arbres extraordinaires qui montent haut dans le ciel...

Quant à toi, tu portes sur le corps des milliers de petits poils gris, tes mains sont très larges ainsi que ton dos, tu es impressionnant de puissance ! Tu es respecté dans cette jungle immense, on t'appelle le grand singe gris...

Tu respires doucement, à ton rythme... L'important est de te sentir comme une boule de muscles et de force, mais une force contenue... qui n'explose pas... Tu inspires par le nez doucement... Tu souffles par la bouche doucement... Tu es tout en douceur, fort mais doux...

Et puis au loin vient vers toi un léopard... Tu le sens menaçant, alors tu te lèves lentement en ouvrant les yeux... Tu inspires par le nez doucement et tu souffles par la bouche doucement...

Pour impressionner ton adversaire léopard, tu commences à serrer tes deux poings très fort et à les relâcher... Tu respires toujours calmement et à chaque expiration tu serres de nouveau tes poings... Et tu les relâches quand tu inspires...

Comme cela ne suffit pas, tu serres tes deux poings et tu commences à tapoter le centre de ta poitrine... Boum, boum ! Vas-y, exprime-toi. Boum, boum ! Tu avances vers le léopard, mais lentement et en rythme... Boum, boum ! Tu tapotes sur le centre de ta poitrine...

Et comme tu sens que le léopard recule, tu cherches à l'impressionner en tapant aussi le sol avec chaque pied, ça fait du bruit : boum, boum, boum, boum !

Le léopard s'enfuit, tu inspires un grand coup par le nez, poings toujours sur ta poitrine, et tu souffles très fort en faisant un grand boum avec un pied, tout en projetant tes bras vers l'avant, poings bien ouverts ! Recommence : tu inspires, poings serrés sur la poitrine... Et tu souffles : boum en ouvrant les poings et en projetant les bras en avant ! Refais autant de boum que tu le désires, mais bien en rythme !

Maintenant que tu as vaincu le léopard, tu te reposes, genoux pliés, bras le long du corps... Juste quelques instants à sentir ton corps calme, reposé… Tu fermes les yeux et tu écoutes de nouveau la jungle… Tu es aussi calme qu'elle… Doux, tout doux, et joyeux… Tout va bien… »

Conseil

Il peut être intéressant de demander à l'enfant de faire les mouvements des deux poings en alternant aussi marche en arrière ; cela l'obligera à être d'autant plus présent et concentré. Si vous êtes enseignant ou éducateur, placez les enfants face à un mur, à quelques mètres de celui-ci, et mettez-vous de dos, devant eux, afin qu'ils vous suivent. Rythmez bien en tapant des pieds, puis faites allonger les enfants sur le dos, décrivez lentement la jungle, faites-les respirer ensemble pour ramener une unité de groupe avant de reprendre vos activités.

14

Votre enfant ne sort pas de sa tristesse

Vous ne parviendrez pas toujours à cerner la provenance des maux de vos enfants. Il arrive que ceux-ci éprouvent une tristesse répétitive qui peut devenir de la mélancolie (cas que nous verrons plus loin), ou au contraire une tristesse soudaine. Il s'agit de chocs parfois infimes, vécus par eux comme de véritables traumatismes qui ressortent, ou de faits évidents que vous connaissez déjà et qu'il faut apaiser. Notez qu'aujourd'hui la banalisation des images de violence ou de désolation, répétées en boucle par les télévisions, touche le moral des enfants. Veillez par conséquent à ne pas les y exposer.

Cette méditation des parfums se fera d'abord avec trois aromates bien distincts (ici, du romarin, de la menthe et de la ciboulette). Libre à vous ensuite de varier avec de la coriandre, du thym, de l'estragon, du basilic… **L'important est de bien utiliser le pouvoir d'évasion intérieure qu'apportent ces senteurs**. Les phrases sont volontairement répétitives, elles aident l'enfant à rester concentré. Il est proposé en fin de méditation de poser quelques mots sur le papier. Ne le forcez pas, laissez-le faire, et surtout ne jugez pas…

Posture corporelle souhaitable
Assis à une table, avec de petits bols où sont déjà disposés différents aromates. L'enfant doit pouvoir saisir ces bols sans même ouvrir les yeux.

Durée
5 à 15 minutes.

Pour les plus grands.

La méditation des parfums

« Tu as devant toi différentes herbes que tu peux trouver dans la nature. Ferme les yeux... Pour commencer, frotte tes deux paumes l'une contre l'autre... Quand tes mains sont bien chaudes, pose-les sur ton visage et reste ainsi quelques instants... Que ressens-tu ?... La chaleur te fait-elle du bien ?... Respire doucement... lentement...

Les yeux toujours fermés, saisis dans une de tes mains une herbe... Amène-la sous ton nez et inspire... Sens-tu un parfum particulier ?... Essaie de le décrire... Fort ?... Doux ?... Malaxe l'herbe avec douceur entre tes doigts quelques instants... Tu ressens cette matière entre tes doigts ?... Est-elle dure ?... Lisse ?... Décris-la un peu... Positionne-la de nouveau sous ton nez... Le parfum est-il plus

fort ?... Éloigne l'herbe de ton nez et respire... Place de nouveau l'herbe sous ton nez et inspire lentement... Cette fois, tu l'écrases bien entre tes deux paumes et tu plonges ton nez dans tes deux mains jointes... Inspire... Expire... Le parfum est-il encore plus fort ?... Ouvre à peine les yeux et frotte tes mains pour déposer sur la table cette première herbe... Comment s'appelle-t-elle ?... Essuie-toi les mains en silence... Pose la serviette...

Ferme les yeux de nouveau et recommence avec une autre herbe... Approche-la de ton nez... Inspire... La senteur est-elle différente de la première ?... Décris-la... Malaxe l'herbe entre tes doigts... Comment est sa texture ?... Approche tes doigts de ton nez, et inspire lentement et fortement... Tu avais déjà senti ce parfum auparavant ?... Cette fois, tu écrases bien l'herbe entre tes deux paumes et tu plonges ton nez dans tes deux mains jointes... Inspire... Expire... Le parfum est-il encore plus fort ?... Ouvre à peine les yeux et frotte tes mains pour déposer sur la table cette deuxième herbe... Comment s'appelle-t-elle ?... Essuie-toi les mains en silence... Pose la serviette...

Ferme les yeux de nouveau et recommence avec une autre herbe... Approche-la de ton nez... Inspire... La senteur est-elle différente des deux premières ?... Décris-la... Malaxe l'herbe entre tes doigts... Approche tes doigts de ton nez, et inspire lentement et fortement... Tu avais déjà senti ce parfum auparavant ?... Cette fois, tu écrases bien l'herbe entre tes deux paumes et tu plonges ton nez dans tes deux mains jointes... Inspire... Expire... Le parfum est-il encore plus fort ?... Ouvre à peine les yeux et frotte tes mains pour déposer sur la table cette troisième herbe... Comment s'appelle-t-elle ?... Essuie- toi les mains en silence... Pose la serviette...

Approche de ton nez un premier bol... Comment s'appelle l'herbe dans ce bol ?... Est-ce une senteur douce ?... Forte ?... Pose ce bol et approche de ton nez le deuxième bol... Comment s'appelle cette herbe ?... Décris son parfum... Pose ce bol et approche de ton nez le troisième bol... Comment s'appelle cette herbe ?... Décris son parfum... Garde les yeux fermés encore quelques instants en respirant doucement... Grâce au parfum des herbes, tu es maintenant tranquille, en paix, joyeux...

Maintenant ouvre les yeux. Si tu le désires, dessine sur les feuilles de papier toutes ces plantes, ou ce qui te passe par la tête, ce que tu as envie de dire avec des formes, des couleurs, ou des mots, si tu le veux aussi ! »

Conseil

Ne dépassez pas trois senteurs différentes. Celles-ci ont la capacité d'aider la mémoire émotionnelle à se souvenir, à s'ouvrir. Elles ont toujours un pouvoir évocateur, elles permettent donc un peu d'évasion, mais elles peuvent raviver des moments délicats ! Accueillez ces informations pour ce qu'elles sont : un échange qui libère et fluidifie la pensée de votre enfant. N'hésitez pas ensuite à montrer comment utiliser ces herbes dans les plats cuisinés, vous renforcerez ainsi le côté créatif de ces moments de partage.

Matériel

Petits bols avec des aromates – un par bol. Prévoyez une serviette pour que votre enfant puisse s'essuyer les mains après chaque méditation de senteur. Sur le côté, des feuilles et un crayon.

15

Connaissez-vous des enfants distraits ?

Certainement ! Ces enfants sont capables d'être bien présents et d'un seul coup, hop, comme si le vent emportait leur âme, ils plongent dans leurs pensées et ne prêtent plus attention à rien. Même s'il se passe alors quelque chose d'important, ils ne se sentent pas concernés. Si la concentration ne peut se construire dans la notion de temps, l'acquisition de la mémoire à long terme risque d'en souffrir. Certains enfants oublient ainsi les consignes de sécurité élémentaires (comme traverser la route après avoir regardé des deux côtés), ou portent des chaussures différentes sans que cela les gêne !

Le mécanisme de dessin progressif proposé par cette méditation va agir sur la capacité d'attention et de mémoire de votre enfant. L'important est d'insister sur la précision des motifs à reproduire à chaque phase de l'activité. Favorisez l'ambiance détente et concentration en diffusant pendant quelques instants de l'huile essentielle de lavande.

Posture corporelle souhaitable

Assis dos droit face à une table. La pièce ne doit pas être perturbée par des bruits ou des passages. L'ambiance un peu austère aidera l'enfant à rester concentré.

Durée

Progressivement de 5 à 15 minutes, ensuite plus.

Pour les plus grands.

Matériel

Huile essentielle de lavande. Un bloc-notes ou un cahier de dessin, et des crayons de couleur.

L'APPAREIL PHOTO ET LA NATURE

« Imagine, tu es debout sur la plage. Sur la première feuille, dessine la mer bleue. Ensuite ferme les yeux et respire tranquillement, imagine la mer que tu as dessinée. Tu la vois ?

Maintenant, ouvre les yeux, retourne la feuille sur laquelle tu as déjà dessiné afin de ne pas la voir, et prends-en une autre, blanche. Sur celle-ci, redessine la mer au plus proche de ce que tu as fait auparavant et rajoute un soleil. Puis ferme les yeux et respire tranquillement, imagine la mer que tu as dessinée et le soleil qui brille. Tu les vois ? Ouvre les yeux, retourne la feuille déjà dessinée afin de ne pas la voir.

Sur une page blanche, redessine, au plus précis de ce que tu as déjà fait, la mer, le soleil qui brille, et ajoute un bateau sur la mer. Puis ferme les yeux et respire tranquillement, imagine la mer que tu as dessinée et le soleil qui brille, le bateau sur la mer. Tu les vois ? Ouvre les yeux, sur une page blanche redessine la mer bleue, le soleil, le bateau, et ajoute un phare, puis un ballon de plage... etc. »

Conseil
Ajoutez, en les alternant, de petits et de gros éléments, comme un crabe, puis un dauphin, une serviette sur le sable et un toboggan… Agissez sur l'attention avec des éléments proches ou éloignés… Variez en prenant un paysage de montagne, une vallée, la rue…

16

Les enfants en manque d'apaisement mental

Beaucoup d'enfants clignent des yeux à répétition, ou montent très vite en énergie. Certains explosent comme des Zébulons sur ressort (sympathique, mais fatigant pour tous !) ; d'autres sont en surchauffe intellectuelle et deviennent de vrais moulins à paroles (intéressant, mais très vite « agaçant » !). Beaucoup de parents leur grefferaient bien un bouton d'arrêt d'urgence... Il faut donc leur apprendre à reconnaître leur état (parce que, pour eux, tout est normal), puis leur montrer comment gérer leur nature électrique, car beaucoup sont ainsi faits ! Vous n'êtes pas là pour casser leur dynamique, qui peut être un atout, mais pour leur montrer comment la gérer afin de devenir sociable.

Il va falloir agir en deux phases. Une première phase dé-stress et la seconde méditative. Montrez bien les mouvements de dé-stress, puis lisez le petit texte de méditation ci-dessous, en apprenant à « écouter » les « silences » de votre enfant, ces moments où vous sentez la tension se défaire, le mental peu à peu laisser la place au tonus musculaire et aller vers l'équilibre (vous pouvez apercevoir de légères saccades d'un membre, les pieds qui s'écartent...). Répétez bien les phrases : **l'effet hypnotique produit aidera votre enfant à se détacher du fonctionnement mental**. Vous pouvez bien sûr faire cet exercice en étant vous aussi allongé à côté de lui !

Posture corporelle souhaitable
Allongé sur le dos, bras le long du corps ou en croix.

Durée
10 à 15 minutes.

Pour les plus grands.

Les nuages se baladent dans le ciel

« Tu es allongé sur le dos et tu respires tranquillement... Commence avec le bout de tes dix doigts par tapoter doucement tout ton crâne. Vas-y... Sois doux !...

Puis avec tes mains masse tout ton crâne, comme si tu faisais un shampoing !... Tu décolles légèrement tous tes cheveux du crâne, puis tu shampouines de nouveau... Tu fais cela sur un côté du crâne... Puis sur l'autre côté..

Maintenant, avec tes paumes des deux mains, tu masses ton ventre dans le sens des aiguilles d'une montre. Vas-y... Puis dans l'autre sens, masse bien...

Maintenant souffle sur tes paumes en les amenant tout près de ta bouche. C'est de l'air chaud ?... Bien, alors pose tes paumes sur tes yeux... Ça fait du bien ?...

Comme tu es plus calme, ouvre tes yeux et regarde le plafond... Essaie simplement de ne pas te laisser distraire, regarde toujours un point précis du plafond... Si à un moment te vient une pensée, tu la dis, puis tu reviens sur le point du plafond...

C'est comme si ta pensée était un nuage dans le ciel : tu le notes, puis tu le laisses partir. Vas-y... Aide-toi de ta respiration, une pensée vient... Tu l'énonces... Tu inspires un grand coup et tu souffles sur ta pensée, elle s'en va plus loin et disparaît... Fais cela calmement, à ton rythme... »

Conseil

Demandez à votre enfant de bien mémoriser cette relaxation-méditation, elle lui permettra toute sa vie de trouver un chemin direct vers le calme.

17

POURQUOI CET ENFANT EST-IL EN MANQUE DE CONFIANCE ?

Les enfants traversent des crises de confiance et parfois de méfiance vis-à-vis des adultes. C'est bien compréhensible : dans le fond, les adultes parlent beaucoup, mais ne font pas eux- mêmes le tiers de ce qu'ils disent, ou paraissent dépassés par ce qu'ils vivent. Quel exemple ! Du coup, beaucoup d'enfants s'isolent du monde adulte : ils peuvent être gentils, joyeux et présents, mais dès qu'ils doivent prendre leur place dans le monde avec les adultes (en famille, en classe avec les enseignants), ils se rendent inatteignables.

Pratiquer cette méditation dans la nature va permettre d'apporter de l'oxygène au mental, qui de lui-même tourne en boucle pour se protéger, et d'ouvrir une brèche en proposant un doudou intermédiaire, un confident : l'arbre ! Ce dernier ne juge pas, propose son assise, pousse vers le ciel comme devrait le faire n'importe quel enfant. Surtout partagez cette méditation avec votre enfant, proposez le mécanisme de l'activité et laissez faire et dire, ou non : la confiance va se bâtir peu à peu, mais différemment, par la complicité et un champ émotionnel apaisé entre vous et lui. Vous pourrez facilement adapter le déroulement proposé ci-dessous, le fil conducteur est simple et permet d'innover.

Posture corporelle souhaitable
Assurez-vous que le ventre et ensuite le dos de votre enfant soient bien en contact maximal avec le tronc de l'arbre. Le côté tactile est très important : l'écorce de l'arbre est aussi sa peau, et celui-ci communique par ce biais.

Durée
5 à 10 minutes.

Pour tous.

L'ARBRE EST MON COPAIN

« Viens, allons ensemble discuter avec les copains de la forêt, les arbres… Les arbres racontent des histoires à tous ceux qui veulent bien les écouter…

C'est toi qui choisis ton copain… Une fois choisi, frotte tes deux paumes de main quelques instants et place-les à quelques centimètres du tronc en fermant les yeux…

Que ressens-tu ?... Si ça picote un peu, c'est que l'arbre a des choses à te dire... Garde les yeux fermés, inspire, puis souffle doucement quelques instants, garde tes paumes tournées vers l'écorce...

Quand tu te sens « connecté » avec ton nouveau copain, tu t'approches de lui... Et tu lui fais un énorme câlin, en l'enserrant dans tes bras... Tu sens comme cet arbre est doux ?... Avec ton nez, respire son écorce... Est-elle mouillée ?... Sèche ?... Passe tes paumes sur le tronc lentement... Cette écorce est-elle rugueuse ?... Lisse... Bosselée ?... L'écorce, c'est la peau de l'arbre, ainsi tu apportes de l'amour à cet arbre...

Inspire un grand coup et détache-toi doucement de l'arbre... Place tout ton dos en contact avec l'écorce... Replace tes paumes de main sur le tronc... Tu peux garder les yeux fermés, si tu le désires... Inspire en imaginant que ton copain te donne de l'énergie... Tu peux sentir du chaud, du froid, des picotements... Quand tu souffles, imagine que c'est toi qui donnes de l'énergie... C'est un échange... Continue comme cela, tu inspires... L'arbre te donne... Tu souffles... C'est toi qui donnes... Encore... Il te donne... Tu donnes...

Maintenant, écoute simplement tous les sons de la nature qui t'entourent... Si tu as des images qui viennent dans ta tête, dis-les, décris-les... Si tu veux rajouter des mots, parle, dis tout ce qui te passe par la tête... Personne ne te jugera... L'arbre adore entendre les enfants, et il leur répond... sous forme d'images... de mots... de parfums... de sons... L'arbre te donne... Tu lui donnes...

Une fois que tu te sens bien, plein de calme et de douceur, tu remercies l'arbre... Ton copain adore les bisous, un geste tendre... Au revoir, copain, à plus ! »

Conseil

Incitez votre enfant à remercier la nature de ce qu'elle permet d'être et de faire. Ce lien doit se développer dans le respect. Certains enfants peuvent d'ailleurs faire un cadeau, comme déposer au pied de l'arbre de la mousse, des feuilles, quelque chose en rapport avec la nature. Pensez à pratiquer cette activité à toutes les saisons afin que les cinq sens de l'enfant se construisent aussi avec les rythmes naturels, que cette connaissance s'inscrive dans le temps. Certains enfants ne voudront pas parler dès la première fois de ce qu'ils partagent avec l'arbre : laissez faire. Proposez aussi une activité dessin en revenant de la balade, l'enfant en profitera certainement pour s'exprimer par les couleurs.

18

Un enfant qui semble en repli sur lui-même et facilement renfrogné

Cela ne signifie pas que le monde n'intéresse pas l'enfant, mais que celui-ci construit volontairement une forme d'autonomie fondée sur le concept de : « Si j'ai besoin, je sais faire le pas vers le monde. Si je n'ai pas besoin, je ne participe pas, et pas la peine de venir sonner à ma porte ! » Cela peut donner un caractère difficile à vivre, parfois égoïste, et ce manque d'intérêt pour certains échanges fait que dans le temps l'enfant se renferme ou se sociabilise difficilement.

La méditation par le dessin est une manière douce de faire comprendre à l'enfant qu'il vit dans un environnement où des codes existent, et que des rencontres formidables l'attendent. Voyez si dans ce dessin il représente des personnages à tendance dure (monstres, couleurs rouge et noire). Peut-être vit-il mal certaines phases de la vie de tous les jours ? Pour l'aider à en parler, utilisez aussi le petit texte ci-dessous et insistez sur la respiration pour bien vivre au quotidien. Pensez que ce sont aussi peut-être des événements à venir qui perturbent votre enfant. Commencez en respirant avec lui et en faisant les mouvements associés. À un moment, il vous sera proposé d'intervenir directement pour clarifier un acte ou une situation.

Posture corporelle souhaitable
À l'aise dans un endroit cosy, dans une position qui ne bloque pas la respiration de votre enfant (il ne doit pas être trop courbé), ou sur une chaise qui lui permette de se balancer ! Proposez-lui cette activité régulière en lui faisant écouter une musique d'ambiance douce, que celle-ci soit aussi l'émissaire d'un moment agréable et privilégié. Laissez l'enfant s'exprimer, ne forcez rien, ne jugez pas.

Durée
10 à 15 minutes.

Pour les petits.

Matériel
Musique d'ambiance douce.
Feuilles blanches et crayons de couleur.

Le « O » des magiciens

« Respire calmement, comme moi... Tu lèves tes bras au-dessus de la tête en inspirant de l'air par le nez... Et tu souffles en les ramenant de chaque côté du corps, comme si tu dessinais la lettre "o", et d'ailleurs tu dis la lettre "o" en laissant traîner le son tout en abaissant les bras : "Oooo !..." Le son "Oooo" apporte de la douceur à celui sur qui tu l'envoies, c'est un "o" magique ! Recommence... Inspire, les bras en l'air... Souffle, et les bras descendent en faisant le son "Oooo"... Une dernière fois... C'est parfait !

Bien, sur cette feuille blanche dessine au centre un point vert et bleu, c'est la Terre, là où tu vis... Dessine avec un trait une personne que tu aimes à côté de la Terre... Ajoute un trait de couleur dessus... Une nouvelle respiration, bras en l'air, et... "Oooo", les bras descendent sur le côté... Tu envoies de la douceur... Dessine maintenant avec un trait une personne ou un événement que tu n'apprécies pas... Ajoute un trait de couleur dessus... Une nouvelle respiration, bras en l'air et... "Oooo", les bras descendent sur le côté... Tu envoies de la douceur… Dessine ensuite avec un trait un événement que tu aimerais qu'il arrive… Ajoute de la couleur… Une nouvelle respiration, bras en l'air et… "Oooo", le son magique, les bras descendent sur le côté… Tu envoies de la douceur… Dessine ensuite avec un trait un événement que tu n'aimerais pas qu'il arrive… Ajoute de la couleur… Une nouvelle respiration, bras en l'air et… "Oooo", le son magique, les bras descendent sur le côté… Tu envoies de la douceur…

Dessine par un trait ce qui s'est passé hier avec ta sœur (par exemple) et évoque-le… (C'est ici que vous insérez la partie plus ciblée sur un besoin de clarifier une situation, faire prendre conscience d'un acte ou d'un événement passé ou à venir !) Ajoute maintenant une couleur… Faisons la respiration ensemble, les bras en l'air et… "Oooo", le son magique, les bras descendent sur le côté… On envoie tous les deux de la douceur sur ta sœur…

Maintenant, pose tes bras sur la table et ta tête contre tes bras, et respire calmement… Laisse passer tout ce qui te traverse la tête, pensée, envie… Sois simplement calme et en paix avec toi-même et le monde… »

Conseil

Vous pouvez prendre la maison comme base du dessin, la plage s'il s'est passé quelque chose de particulier à cet endroit (ou la chambre, la ville…). N'hésitez pas à revenir dans le temps sur cette méditation quand vous sentez que le même problème est récurrent, mais en prenant un centre du dessin différent. Si vous devez donner une réponse, soyez constructif ; pas de mensonge ou de réalité arrangée ; dites avec des gants, mais dites…

19

Un enfant pour qui tout est négatif

Rien ne va, tout est noir, ce n'est jamais assez… Certains enfants marquent ainsi leur besoin de recevoir de l'amour et d'en donner, avec d'autant plus d'intensité qu'ils ont souvent peur de ce qu'ils perçoivent du monde des adultes. C'est aussi une tendance sombre véhiculée par beaucoup de scénarios de jeux vidéo ou de séries télévisées pour enfants, qui, quand ils ne le présentent pas sous l'aspect Bisounours, décrivent un monde où il faut combattre en permanence pour grandir, se faire entendre, être aimé, obtenir…

Il est simple de faire comprendre à un enfant qu'il a en lui les capacités pour transformer ces énergies négatives en positives, en bonnes ondes… Ici c'est un aspect jeu de méditation ludique mais qui fonctionne déjà parfaitement avec les adultes engagés dans une thérapie de programmation euro-linguistique (PNL). Apprise très tôt, cette méditation servira aussi à l'enfant lorsqu'il deviendra adulte. Restez avec une voix douce, amusée, pour lire le texte et apporter une notion de sourire à votre enfant. N'hésitez pas à ajouter des détails : odeur du lieu visité, couleurs, sons…

Posture corporelle souhaitable
Allongé sur le dos, pénombre pour favoriser la visualisation.
Peut être fait avant l'endormissement.

Pour les plus grands.

Le mage et la baguette magique positive

« Ferme tes petits yeux... Imagine que tu portes un vieux costume bleu, du temps du Moyen Âge... Tu portes un chapeau très haut... Tu es un magicien et, dans ta main, tu disposes d'une baguette magique positive... Elle peut changer une situation, lui apporter le meilleur possible...

Devant toi, imagine... Tout le ciel est noir, orageux... Tu ressens cet orage... Il peut pleuvoir tout de suite, des éclairs peuvent surgir... Tu vois tout cela ?... Ce n'est pas agréable... Alors tu décides de faire de cet orage un ciel bleu... Tu lèves ta baguette magique positive, tu poses ton autre main sur ton cœur... Et en respirant très doucement tu fais des cercles lentement avec le bout de ta baguette, en visant les nuages... Et plus tu respires doucement, plus le nuage se dissipe. Continue... Respire doucement, lentement... Et le nuage disparaît... Un grand ciel bleu apparaît... Comme c'est plaisant ! Il fait bon, tu en profites pour être bien détendu... Génial !... Repose la baguette et ton bras...

Maintenant tu es face à un grand désert... Sens comme il fait chaud... C'est étouffant... désagréable... Pour y amener de la vie, dirige ta baguette magique positive vers ce désert et pose l'autre main sur ton cœur... En respirant très doucement, tu fais des cercles lentement avec le bout de ta baguette, en visant le désert... Et plus tu respires doucement, plus du centre du désert sort une eau pure – d'abord une rivière, puis un fleuve... Plus tu respires doucement, et plus le désert se change en une verte vallée où l'eau coule paisiblement, avec des animaux sauvages qui y courent... Et tu profites de cette fraîcheur que tu as créée, tu vois comme tu peux tout seul changer les choses désagréables en choses agréables. C'est toi seul qui décides de faire ce changement, pas les autres...

Alors prends un exemple personnel et utilise ta baguette magique positive. Vas-y... Tu finiras ce jeu en restant au calme quelques instants ! »

Conseil
Sans être sentencieux, utilisez ces exemples quand vous voyez votre enfant rentrer dans la négativité. Cela permettra aussi de casser le schéma de la victime que tout accable. S'il le désire, l'enfant a des ressources personnelles qu'il se doit d'utiliser, et cette méditation est aussi un premier pas vers son autonomie.

20

LE CAS DES ENFANTS QUI SE MÉFIENT DE TOUT !

Ce sont des enfants qui peuvent se montrer anxieux. Cela ne veut pas dire qu'ils ont peur du monde, mais ils ont la sensation d'être exposés et se perçoivent comme des cibles potentielles. Ce qui peut paraître normal dans les cinq premières années peut devenir un handicap quand ils grandissent, ils sont « ballots » dans leurs mouvements, ont du mal « à prendre corps », et du coup se concentrent peu dans le présent. Il faut souvent montrer patte blanche pour les aborder !

Voici une méditation à faire avec votre enfant. Votre présence va renforcer l'intérêt de cette pratique simple, c'est un moment de complicité et de balade visuelle. En étant obligé de détailler ce qui l'entoure de près comme de loin, **l'enfant va « désamorcer » les petits reculs qu'il éprouve par rapport à ce qu'il ne voit pas, ou par rapport à ce qui lui semble au contraire trop proche de lui**. Restez ludique et n'hésitez pas à faire également cette méditation dans sa chambre, lieu où peuvent se construire des peurs inconscientes, la nuit.

Posture corporelle souhaitable
Assis en tailleur, paumes de main sur les genoux, dos droit ; ou au bord d'une chaise, dos droit également. L'enfant ne doit pas trop bouger sa posture, elle lui assure la concentration nécessaire au niveau visuel.

Durée
10 à 15 minutes.

Pour les plus grands.

Matériel
Un bloc-notes ou des feuilles, et un stylo.

Apprendre à utiliser sa paire de jumelles

« Ferme les yeux et essaie de faire le silence... C'est simple : pour cela, écoute juste les sons environnants, tu n'écoutes que cela... Et tu respires en inspirant de l'air par le nez et en faisant sortir ton ventre en même temps... Puis tu souffles en le laissant se détendre...

Recommence : tu inspires, tu sors le ventre... Tu souffles, le ventre se détend... Une dernière fois, tu inspires... Tu souffles... Écoute encore les sons qui t'entourent...

Maintenant ouvre les yeux... En parlant doucement, distinctement, raconte ce que tu vois au loin... Règle bien tes yeux jumelles, vois le plus loin possible et décris... Décris aussi la couleur de ce que tu distingues... Ce sont des objets ?... Des personnes ?... Est-ce doux ?... Est-ce inquiétant ?...

Ferme les yeux, reviens à la respiration : tu inspires en sortant le ventre, tu souffles en le rentrant... Ouvre les yeux, regarde autour de toi, décris ce que tu vois... Parle des couleurs... Parle des formes... Est-ce une ambiance douce ?... Est-ce une ambiance inquiétante ?...

Ferme les yeux, reviens à la respiration : tu inspires en sortant le ventre, tu souffles en le rentrant... Ouvre les yeux, regarde maintenant de tout petits détails – peut-être une pierre devant toi ou le détail d'un livre... Essaie de décrire des choses infimes : la texture, l'aspect... C'est comme si tu avais des yeux microscopes... Est-ce une ambiance douce ?... Ou inquiétante ?...

Ferme les yeux, reviens à la respiration : tu inspires en sortant le ventre, tu souffles en le rentrant... Ouvre les yeux, et maintenant parle de ce que tu as envie de décrire dans ce qui t'entoure...

Une fois cela fait, prends une feuille de dessin et, en silence, écris tout ce que tu viens d'apercevoir. Quel monde fascinant vit juste autour de toi et avec toi ! »

Conseil

La nature permet d'apporter encore plus de concentration visuelle. Il faut souligner que pouvoir poser son regard sur un horizon étendu amène une détente supplémentaire. Essayez de diviser l'exercice en trois parties : proche, mi-lointaine, lointaine, ou dans le sens contraire. Dans la chambre de l'enfant, c'est aussi une manière efficace pour lui donner la notion d'espace restreint mais plein de possibilités, ou d'aborder celle du rangement…

21

Un enfant qui a besoin de changer le monde

Certains enfants, quand le présent les « dépasse », ont parfois envie de s'intérioriser pour exprimer leurs souhaits les plus profonds. Sans parler de croyance ou de religion, ils se relient profondément à quelque chose de plus vaste et surtout plus en paix face à la réalité ; ils espèrent ainsi favoriser un changement. Ce type d'attitude permet à l'enfant de développer son monde intérieur, et le prédispose à un grand pouvoir de concentration et d'intériorisation, et à l'idée de création d'une pensée universelle.

Le mieux est de présenter cela sous la forme du jeu des souhaits. Votre enfant peut parler ou non, les yeux ouverts ou fermés, joindre les mains ou pas. **Généralement les enfants, comme mus par une force intérieure insoupçonnée, vont construire leur propre rituel.** Le chemin présenté ci-dessous est donc symbolique. L'important est de bien faire respecter l'ordre : choix de l'intention, concentration et émission, offrande et remerciement. Pour les grands, aménagez le texte en vous aidant des trois points cités précédemment.

Posture corporelle souhaitable
Position qui favorise le recueillement : assis, dos droit ; ou allongé, jambes tendues et bras le long du corps.

Durée
5 à 10 minutes.

Pour petits et grands.

Le jeu des souhaits

« Pose-toi tranquillement, cela va t'aider à être bien concentré, disponible à ce que tu vas faire... Tu sais que tes souhaits sont comme des oiseaux qui s'envolent dans le ciel ? Ils vont apporter des messages à des proches, qui vont les entendre et t'aider à les réaliser.

Toi avec eux, c'est encore plus fort ! En fait, ils peuvent emporter tes souhaits, ce que tu veux pour toi ou les autres. Qu'aimerais-tu qu'il se passe dans ta vie de tous les jours ou dans celle des autres ? Réfléchis bien, et pour cela pose une paume de main au centre de ta poitrine et l'autre juste en dessous, et précise ton souhait... Il faut que tu construises une phrase très claire, le plus simple possible... Tu l'as ?...

Alors si tu le veux, ferme les yeux, commence par respirer doucement, inspire par le nez en sortant un peu le ventre, et souffle en le rentrant. Continue...

Et quand tu sens que tu es bien calme, alors tu baisses légèrement la tête pour être encore plus concentré, et tu dis ton souhait comme tu le veux, dans ta tête ou tout haut, tu y mets toute ta conviction, tu demandes vraiment très fort que ton souhait se réalise... Sois bien clair...

Puis tu fais le silence... Peut-être verras-tu un grand oiseau blanc venir chercher ton souhait et l'emmener au loin dans un ciel tout brillant ?... De toute façon ton souhait voyage, les oiseaux du ciel apportent toujours le courrier là où il faut !...

Continue à respirer doucement en exprimant toujours ton souhait... Puis remercie ces grands oiseaux d'être venus t'aider à porter tes messages, envoie-leur des bisous si tu le désires, de bonnes pensées, et offre-leur, pour les remercier d'être venus, un très beau sourire, comme tu sais le faire quand tu es heureux !...

Ça y est, les grands oiseaux blancs emportent ton souhait à son destinataire... »

Conseil

Précisez toujours que les réponses à ces souhaits peuvent mettre du temps à se réaliser, et qu'elles ne se feront pas forcément sous la forme attendue. Les mots « attitude positive » doivent être bien compris par l'enfant, ils se traduisent par le fait d'apporter sa responsabilité au bon équilibre du monde.

22

Les difficultés d'endormissement

Elles sont au départ naturelles : un enfant essaiera toujours de « gratter » un peu de temps d'éveil pour rester avec les adultes ou parce qu'il estime qu'il est déjà assez grand pour s'endormir plus tard. En revanche, les anxiétés, les peurs de passer à une autre dimension de vie – celle que l'on ne contrôle pas par ses sens habituels –, parfois cumulées aux excès des jeux stimulants, le stress des parents ressenti par les enfants : tout cela contribue à perturber le temps de l'endormissement. Or un enfant qui « rate » le train du sommeil ne le retrouvera qu'une à deux heures plus tard… Voici un chemin en trois points qui pourra servir aussi à l'adulte qu'il deviendra un jour ! C'est pendant le sommeil que l'enfant sécrète les hormones de croissance qui favorisent le développement de sa taille et de son poids.

Vous allez d'abord apprendre à votre enfant à repérer ses signaux personnels du sommeil – vous adapterez selon l'âge. Ensuite, n'hésitez pas à enrichir l'histoire du petit conte que vous allez lire (le but étant qu'il retienne le mécanisme peu à peu), à laisser votre enfant ajouter des éléments (veillez à ce que ce ne soit pas pour « faire durer » plus longtemps !) – des espaces créatifs sont prévus pour cela. Une variante possible à ajouter pour les rebelles est présentée en troisième point ! Pour les grands, suivez la chronologie en prenant des éléments plus adaptés à l'âge, si nécessaire.

Posture corporelle souhaitable
Allongé, à l'aise, pas tendu ou saucissonné sous un drap !

Durée
10 à 15 minutes.

Pour tous.

La lune blanche te parle

1. « Les repères : vous pouvez aider votre enfant à repérer ses propres signaux annonciateurs du sommeil (sans en faire un acte d'accusation !). Une demi-heure avant l'heure du coucher : "Tu vois, ton corps te parle, il a besoin de repos, et c'est bien normal, il a bien travaillé aujourd'hui !", "Ah, un premier bâillement !", "Tiens, tes petits yeux te piquent", "Tu deviens tout de suite plus irritable", "Tes pieds tournicotent !", "Tu as vu comme tu te pelotonnes dans les coussins", "C'est bon d'être avec son doudou !", "Tes paupières sont lourdes", "À force de le frotter, ton nez va briller"... »

2. « Le conte :

10 : la lune blanche te parle, elle dit : Étant ton amie du soir, je viens te parler de la nuit que nous allons passer ensemble... Comment veux-tu cette nuit ? Avec des étoiles ? Des nuages ?...

9 : sur chaque étoile autour de moi vivent tes copains. Certains t'attendent déjà pour jouer pendant ton sommeil, il s'agit de...

8 : tu sens comme tout est calme et tranquille autour de toi ? Décris ta chambre...

7 : imagine qu'une fée vient doucement masser le centre de ton front avec son index. Fais-le toi aussi, masse ton front... Elle masse maintenant le centre de chacune de tes mains. Fais-le aussi. Cela te fait du bien ?...

6 : ferme les yeux quelques secondes et respire doucement. Tu ressens autour de toi tes copains de la nuit ?... Décris-les encore

Temps calme !

si tu le désires... Ouvre les yeux, quelque chose a changé autour de toi ?... Tu vois, tu es en sécurité en fermant les yeux !

5 : doucement la fée vient masser ton visage. Aide-la... Masse doucement ton visage... Bâille un peu...

4 : ferme de nouveau tes petits yeux, imagine que tu distingues chaque étoile. Laquelle vas-tu choisir pour aller jouer ?...

3 : la fée vient te masser doucement le centre de ta poitrine. Fais-le aussi, sens comme tu es détendu...

2 : déjà tes copains de la nuit t'attendent pour partager un bon sommeil et papoter ! Pourrait-il y avoir aussi tes animaux préférés ? Lesquels ?...

1 : tu te laisses glisser dans le sommeil en toute confiance, la lune t'accompagne...

0 : tu es endormi... Bonsoir, bonne nuit... »

Conseil

Vous pouvez, si l'enfant résiste encore, reprendre de 10 à 1, en ne jouant que sur quelques mots-clés : « 10 : tu es bien tranquille… 9 : tu es en paix, tranquille… 8 : tu es détendu, tranquille… »

23

Comment donner un peu de son cœur aux autres

Votre enfant a un copain qui se sent mal, et ne sait pas comment lui apporter du réconfort. Ce peut être aussi un parent malade qu'il lui est difficile d'approcher. Parfois aussi par peur, timidité, ou parce que le courant ne passe pas, des enfants restent isolés, tristes d'être fâchés, avec une notion bloquante possible d'orgueil de type « Ce n'est pas à moi d'y aller le premier ! »… La méditation de compassion a l'avantage de tourner l'enfant vers son côté « petit cœur qui peut et doit grandir ! » et, au-delà du sympa ou pas, d'offrir une porte pour une approche plus sensitive du problème. C'est aussi une manière de « déconnecter » la peur des autres, de rentrer en empathie, même s'il est aussi vrai que l'enfant devra comprendre un jour que tout le monde n'est pas obligé de l'aimer. Ça fait partie du job !

La méditation de compassion est somme toute naturelle, beaucoup d'enfants la pratiquent sans la nommer ! En revanche, expliquez bien qu'**il ne faut rien attendre de précis en retour, c'est comme un don de soi… Une manière de se débloquer d'abord et d'offrir…** Pratiquez cette méditation avec votre enfant, choisissez chacun une personne précise, et lancez-vous…

Posture corporelle souhaitable
Assis dos droit, paumes de main l'une dans l'autre, la tranche posée contre le ventre (comme un moine).

Durée
5 à 15 minutes.

Pour tous.

Donner un peu de son cœur aux autres

« Choisis la personne à qui tu veux donner un peu de ton cœur… C'est bon ? Alors commençons par respirer doucement ensemble…

On inspire par le nez, le petit ventre se gonfle un peu ; on souffle, il rentre… Allez, quelques instants chacun à son rythme… Tu te sens bien détendu maintenant ?… Ferme les yeux, ou pas, comme tu veux… Repense à un moment où tu t'es senti très heureux, libre, plein de joie… Tu l'as ?…

Bien, reste au chaud dans ce souvenir, ressens en toi la même joie, le même bonheur, garde ce sourire, cette envie de vivre et d'aimer… N'hésite pas à voir tous les détails de ce souvenir, il y avait peut-être des sons, des parfums. Si tu veux, tu peux les nommer… C'est tellement sympa, tous ces bons moments, ils sont importants… Vois comme en quelques instants tu es capable de te sentir léger, de bonne humeur, en harmonie…

Maintenant garde bien en toi toutes ces belles choses si fortes et invite dans la scène, dans ton beau souvenir, le copain ou le proche que tu as choisi tout à l'heure… Pense à lui en l'enrobant de tout ce bonheur que tu as ressenti et que tu ressens de nouveau… Apporte-lui de la joie, donne-lui un peu de ton cœur… Ressens comme tu as envie qu'il soit heureux, bien dans sa peau… Vois comme il te sourit !… Plus tu penses à lui avec amour, plus il est heureux, en joie… C'est comme si tu en profitais pour le prendre dans tes bras, le serrer très fort pour qu'il se sente bien, même si rien n'est facile pour lui en ce moment... Tu donnes, tu donnes de ton amour, de ta douceur, rien que pour lui, c'est tout pour lui !... Et tu ressens comme il se sent bien... tranquille... joyeux... Il a confiance dans la vie... Il a confiance en toi... en ce que tu lui donnes... Reviens à ta respiration... Inspire doucement, souffle lentement... Encore, à ton rythme... Un dernier bisou...

Et tu reviens dans l'ici et maintenant... Tu vois comme c'est simple de donner un peu de son cœur pour les autres... comme ça rend l'autre heureux... Comment te sens-tu ?... Plus léger ?... Plus heureux aussi ?... Dès que tu sens que c'est nécessaire, refais cette méditation du cœur qui donne... »

Conseil

Aux fêtes et aux anniversaires, proposez de pratiquer cette méditation en groupe : cela construit une mémoire commune d'altruisme très bénéfique pour toute la famille.

24

La surexcitation

Tout le monde connaît le cas de l'enfant ingérable, comme déconnecté de ses propres sens, qui n'arrive pas à « s'arrêter ». Vous pouvez le prendre physiquement, le tenir, le laisser s'exprimer, rien n'y fait. En dehors des accompagnements thérapeutiques possibles, la méditation peut déjà être un excellent médiateur pour un retour dans le présent, et aider à habiter en « harmonie dans son corps ». Car cet état explosif est comme un « alignement corps-âme-esprit » qui n'est pas respecté ! L'esprit virevolte à la recherche d'on ne sait quoi, l'âme (ou ici personnalité) est ingérable, et le corps subit la violence du comportement.

Voici un chemin qui utilise le côté tactile, l'expression sonore et l'automassage, trois éléments que l'enfant aime exprimer et qui l'obligent à se centrer. Cet alignement se fait pas à pas. Le référent de sagesse au départ, ce sera vous, vous serez testé ! Donc tolérance et disponibilité sont requises. Suivez bien la progression, même si l'enfant est déjà apaisé quand vous commencez. Adaptez le texte au type d'instrument choisi. Insistez bien sur le terme « accorder » et expliquez que, pour ne pas « sonner faux », certaines règles sont à respecter. Cet exercice est utilisé en musicothérapie active. Amusez-vous surtout, mais ne lâchez rien !

Posture corporelle souhaitable
Assis (si possible !), même devant une table. Tenue ample.

Durée
10 à 15 minutes.

Pour tous.

1.

Le corps musical

1. « Quel instrument de musique aimerais-tu être ? Une trompette, un violoncelle, un synthé ?... Pour devenir musicien, il te faut bien comprendre l'instrument que tu as choisi, il te faut « sonner comme lui ».

Alors pose tes paumes sur le ventre – le ventre, c'est ce qui constitue la base de ton instrument, d'accord ? Il faut accorder cette première partie de l'instrument, pour qu'elle ne sonne pas faux. Inspire par le nez en sortant doucement le ventre, et en soufflant fais le son "Aaaa". Refais encore deux fois... Tu trouves que cela sonne juste ?... À mon avis, il faut l'accorder un peu plus haut (ou plus bas !). Alors, avec le bout de tes doigts, tapote doucement ton ventre, autour du nombril, comme si c'étaient de douces gouttes de pluie qui tombaient : plic, plic, ploc... Continue avec tes doigts et refais le son "Aaaa" en accordant le son plus haut ou plus bas avec ta voix... Pour toi, c'est accordé, c'est le son qui te paraît le mieux adapté ?... »

2.

2. « Passe au centre de ton instrument, pose tes paumes sur ta poitrine. Pour accorder cette partie, inspire par le nez en gonflant doucement tes poumons, souffle en faisant longuement le son "Ououou"... Tu dois sentir tes paumes vibrer, le son bien résonner dans ta poitrine... Refais cela encore deux fois, n'hésite pas à abaisser ta voix ou à la monter pour bien sentir ta poitrine vibrer... Avec le bout de tes dix doigts, joue de l'accordéon au centre de ta poitrine, appuie sur elle à la suite avec tes doigts... Maintenant refais le son "Ououou" et continue à monter ou à descendre pour faire résonner ta poitrine... Comment te sens-tu ?... Ton instrument est bientôt prêt ! »

3. 

3. « Il faut juste accorder la troisième partie, le haut de ton instrument ! Prends entre tes doigts chaque lobe de tes oreilles. Inspire par le nez et souffle en faisant le son "Iiii"... Étire très doucement tes lobes vers le bas, sur les côtés, masse le centre de chacun d'eux... Étais-tu accordé ? Refais encore deux fois le son "Iiii", étire tes lobes très doucement et monte ou descends ta voix... Comment te sens- tu ?... »

4. « Ferme les yeux et concentre-toi. Fais cette première mélodie que tu connais déjà : "Aaaa-Ouououu-Iiii..." En essayant de garder les accords du bas vers le haut, vas-y... Maintenant en sens inverse et toujours accordé : "Iiii-Ouououu-Aaaa..." Puis la mélodie dans les deux sens plusieurs fois : "Aaaa-Ouououu-Iiii-Ouououu-Aaaa..." Comment te sens-tu ? Tu vois, dès que tu es accordé, tu fais de très belles mélodies, et tu es calme et apaisé ! »

Conseil
Vérifiez bien la concentration pour chaque émission de son. Veillez à sa justesse, qu'il soit continu si possible.

25

De quoi est fait le présent ?

Parfois vous rencontrez un enfant capable de bien appréhender le présent dans son contexte général (sens de l'événement, conséquences possibles), mais incapable de savoir de quoi ce présent est composé. Or le présent est comme un puzzle, constitué de mille pièces qui, une fois assemblées, forment une image identifiable. Cette manière de ne pas s'intéresser à la structure des choses crée des enfants qui ne s'investissent pas dans ce qu'ils vivent, ou alors qui viennent « picorer » le meilleur, le fruit, mais sans autre engagement personnel, pour disparaître ensuite.

L'écoute des sons de la nature permet à l'enfant de comprendre, de manière ludique, qu'un son général est composé de toute une orchestration, à l'image du présent que nous vivons à chaque seconde. Amusez-vous avec lui à écouter, soyez complice, tout en le laissant détailler chaque son. N'hésitez pas à lui demander de préciser la « personnalité » du son, s'il le trouve agressif, trop fort, joli, harmonieux, doux, grinçant… car le présent est lui aussi fait de toute une palette d'éléments parfois très opposés. Choisissez un lieu – jardin ou forêt – où vous pourrez facilement revenir, saison après saison.

Posture corporelle souhaitable
En tailleur.

Durée
5 à 10 minutes.

Pour tous.

Matériel
De l'eau à disposition (cela favorise la concentration).

L'écoute du hibou

« Amusons-nous à simplement écouter tous les sons qui existent dans cet endroit. Tu vas voir que tu vas en entendre que tu ne soupçonnais même pas ! Pour cela, nous allons devenir des hiboux !

Le hibou est le seul oiseau dont l'ouïe est plus développée que la vue ! Yeux fermés c'est mieux, mais c'est comme tu veux ! Pour commencer, on devient hibou !

On respire déjà doucement ensemble... On inspire en sortant un peu le ventre, on souffle en le laissant se dégonfler... Et nos yeux deviennent plus grands, pour voir même la nuit ! On inspire... On souffle...

Et nos oreilles deviennent plus performantes, elles entendent tout... Tu sens tes oreilles s'agrandir ?... On inspire... On souffle... Penche un peu la tête en avant et relève très légèrement tes épaules... Et on écoute... en silence... On écoute... Pour l'instant tu entends un son général... Maintenant écoutons de quoi est composé ce son global... Déjà peux-tu me dire quels sont les sons les plus éloignés de nous ?... Bien ! Entends-tu des sons très forts, et lesquels ?... Des sons qui se répètent ?... Des sons courts ?... Des sons longs ?...

Maintenant retournons en écoute de hibou ! Tête penchée un peu en avant, épaules légèrement remontées... Peux-tu détailler les sons que tu sens les plus proches de toi ?... Ressens-tu ces sons comme doux ?... Agressifs ? Raconte... Bien !

Pour finir, faisons l'écoute du hibou grand-duc, il entend tout ! Tête penchée un peu en avant, épaules légèrement remontées ! Peux-tu repérer les sons lointains et les sons proches, les sons à mi-distance (aidez votre enfant en citant un son lointain et un son proche. Par exemple : entre le son proche du rouge-gorge et le son lointain d'un aboiement, il y a...) ?... Raconte... Bien ! Ce sont des sons hauts et aigus ?... Des sons bas et graves ?...

Une dernière fois, écoutons ensemble le son général, l'ambiance sonore de ce lieu, en restant silencieux... On inspire... On souffle... On inspire... On souffle... On inspire... On souffle... Te rends-tu compte que dans ce lieu il y a en fait des dizaines de sons qui existent ensemble ?... Que tu peux entendre au loin le son du tonnerre et tout proche de toi le chant des oiseaux au soleil ?

Eh bien, dans ta vie de tous les jours, c'est pareil, et c'est ça qui est merveilleux et qui vaut le coup que l'on s'intéresse à tout ! C'est très enrichissant ! Et cela donne envie de participer pour comprendre et faire partie du mouvement ! »

Conseil
Vous pouvez aussi privilégier des écoutes de musique sur CD en intérieur, sur le même principe. Il est intéressant de faire reproduire ensuite l'emplacement des sons sur une grande feuille de dessin avec de simples croix ou couleurs : loin, près, à mi-distance. La spatialisation du son et sa reconnaissance aident à construire à la fois le déplacement dans l'espace et les associations sonores qui contribuent ainsi à l'éducation auditive et au langage…

26

Les enfants zappeurs

Certains enfants aujourd'hui, comme beaucoup de parents, ne savent pas faire le sas entre deux activités importantes. Bien souvent même, ils ne le veulent pas. Certaines réalités ne les attirent pas, ils « restent ailleurs ». Les enseignants voient ainsi parfois arriver dans leurs classes le matin des « enfants zappeurs ». Ces derniers ont généralement « avalé » comme petit déjeuner 15 à 30 minutes de télévision (certaines télés sont installées dans la cuisine !). Ils ont les yeux qui clignent, sont déjà fatigués, très peu motivés, incapables de se concentrer plus de 5 minutes. Leur stratégie : des allers-retours entre rêverie, absence et réalité. Ils possèdent une zappette mentale !

Faites avec votre enfant cet exercice de développement de la pleine conscience le plus souvent possible – pour commencer, le matin lorsque vous l'accompagnez à l'école, ou le soir en en revenant. **Il est simple mais très efficace pour s'ancrer dans l'ici et maintenant et offrir une transition réaliste entre la maison cocon et l'école.** Cela fait « sauter » le verrou mental que l'enfant a tranquillement créé pour prolonger son état d'aménagement du temps présent. Ci-dessous, quelques exemples de description ou de motivation vous sont proposés pour « enclencher » le processus. Le caractère des gens, les sensations de chaud et de froid, de lourd et de léger, les émotions, la vitesse ou la lenteur, le grand et le petit, la distance proche ou non… Il y a une multitude de détails à décrire. Laissez ensuite l'enfant choisir ses propres centres d'intérêt, mais pas trop en direction de l'imaginaire : il s'agit du présent, pas d'une déformation de la réalité qui lui permet de s'en échapper encore !

Le chemin de l'oiseau

« Comme n'importe quel petit oiseau, pour te rendre d'un point à l'autre tu dois observer tout ce qui t'entoure. Alors amuse-toi à décrire tout ce que tu vois !... Allez, on commence ensemble...

Là c'est le chien du voisin qui est tenu en laisse... Regarde comme il tire vers l'avant !... En plus il est grognon !... Tiens, un

petit camarade qui va lui aussi à l'école... De quelle couleur est-il vêtu ?... Le feu tricolore pour les voitures et piétons, est-il proche ou loin ?... Et quelle couleur affiche-t-il ?... Tu vois dans le ciel les nuages ?... Va-t-il pleuvoir aujourd'hui ?... Décris les belles vitrines des magasins... Reconnais-tu les voitures devant nous ?...

Que fait cette maman avec son enfant ?... Celui-ci porte un cartable bien lourd, non ? »

Posture corporelle souhaitable

Celle qui peut rendre attentif, assis (dans la voiture) ou debout (sur le chemin), mais le dos droit, pas avachi !

Durée

10 à 15 minutes.

Pour tous.

Conseil

Aménagez cela de manière positive, par exemple pour un enfant tristounet : « Regarde autour de toi et note tout ce qui te paraît positif. Tiens, tu vois comme cet autre enfant mange avec envie son pain au chocolat ? Et le chien qui est content de se balader avec son maître ? » Vous pouvez aussi reprendre cette idée pour le parcours du sommeil : le brossage des dents, la fermeture des volets, le chauffage pas trop fort, les parents pas loin...

27

Le calme à table et le respect de l'alimentation

Les enfants sont parfois tyranniques quand ils choisissent ce qu'ils veulent manger (ce qui, normalement, ne devrait être qu'exceptionnel !). Le repas devient rapidement un vrai champ de foire entre caprices, mauvaise volonté et besoin des parents d'être en paix. Or le goût, la qualité des aliments, leur diversité et leur pouvoir nutritif ne peuvent être appréciés que si l'on prend le temps et si l'on reste l'attention posée dessus. La mastication est une phase primordiale pour bien décomposer les nutriments et amener le travail de la salive, qui facilite la décomposition des amidons, et soulage l'estomac et l'acidité possible dans les intestins. La satiété débute avec la mastication, puisque le cerveau enregistre tout. L'obésité vient aussi du fait de ce manque de satiété et du besoin émotionnel de combler.

Cette méditation toute simple est un excellent départ pour un changement de comportement alimentaire. Vous pourrez l'aménager selon l'évolution du repas. Faites ce petit jeu régulièrement. Variez l'alimentation – si l'enfant est abonné aux pizzas et aux coquillettes-jambon tous les jours, c'est comme une addiction (faux sucres et chimie sont là pour cela !). Il faudra reduire l'alimentation trop riche ou trop sucrée progressivement. Jeux ou pas, insistez sur la mastication ! Peu à peu, vos enfants auront besoin d'assiettes moins remplies et plus savoureuses.

Posture corporelle souhaitable
Afin de faciliter la digestion, le dos droit mais non tendu. Pas de colonne vertébrale qui swingue en accordéon !

Durée
Plusieurs fois 5 minutes (5 minutes pour l'entrée ; 5 minutes pour le plat principal ; 5 minutes pour le dessert).

Pour tous.

SILENCE, LES CHATONS MANGENT !

1. « Afin d'apprécier les bons petits plats, nous allons tous prendre le temps de bien les goûter. D'abord pour remercier celui qui les a faits, ensuite pour bien apprécier le goût de chacun des aliments. Alors je vous propose que, pendant 3 à 5 minutes, nous mangions en silence, et surtout que chacun mastique bien lentement. Il n'y a que comme ça que l'on apprécie ce que l'on mange et que l'on

n'a pas mal au ventre après ! Je donne le top départ, chacun mastique lentement, le tout en silence... »

2. « Voilà le temps est passé. Michael, décris-moi ce que tu viens de manger : couleurs, forme, goût (épicé ou non, fort ou doux, moelleux ou dur, sucré ou salé)... Donne-moi un maximum de détails... »

3. « Vous avez remarqué que dans le silence on entend d'un coup beaucoup de bruits inattendus : celui de la mastication des autres, des couverts qui s'entrechoquent... Et quels autres bruits ?... »

4. « On recommence 3 minutes en silence. Si à un moment vous commencez à partir en pensées diverses, rêveries, recentrez-vous sur votre mastication, qui se doit d'être lente et complète, n'avalez pas avant d'avoir bien décomposé chaque morceau ! Top pour 3 minutes... À toi, Juliette, de raconter !... »

5. « Pour le dessert, chacun prend un morceau dans sa cuillère, ferme les yeux et essaie de dire de quoi il est fait, 2 minutes de silence, top... Jessica, c'est à toi de raconter... »

Conseil

Bien sûr, vous devez vous aussi vous mettre en scène. Ne cherchez pas à dire : « La pizza, c'est mauvais. Ça, c'est mieux, etc. » L'éducation doit se faire pas à pas, changer les habitudes alimentaires prend du temps. Vous pouvez commencer en faisant seulement 1 minute de silence.

28

Les grandes épreuves de détachement

Lâcher prise sur de petites choses courantes, l'enfant l'apprend facilement. Le problème survient lors de la séparation des parents, de la disparition d'un proche, d'un déménagement entraînant l'abandon des premiers copains... Cela déclenche parfois un véritable cataclysme dans la tête de l'enfant, qui peut devenir colérique, ne plus s'intéresser à rien ou rester fixé sur une seule chose, déprimé...

La méditation de la métamorphose va lui permettre de comprendre certaines réalités essentielles, de se construire avec celles-ci et de leur donner un sens. Soyez proche de votre enfant en lui expliquant cette technique qui, quoique symbolique, l'aidera à passer le cap. Suivez bien la progression décrite. Vous garderez un espace de liberté verbale, sans aucun jugement durant la pratique ni après.

Posture corporelle souhaitable
Assis ou allongé, bras et jambes un peu écartés ; ou, pour un passage difficile, face à face, les mains de l'un dans celles de l'autre.

Durée
5 à 15 minutes.

Pour tous.

La métamorphose de la fleur

1. « Définissez ensemble le sujet, très simplement mais clairement : "Tu as parlé plusieurs fois du départ au ciel de mamie. C'est bien normal, et le départ de quelqu'un, la fin de quelque chose, d'une relation, d'un échange, c'est tout à fait naturel et ça fait partie du cycle de la vie. Il te faut le comprendre, même si au départ cela peut être douloureux. Tiens, fais comme moi, quand je trouve ces moments difficiles, voilà ce que je fais, alors faisons-le ensemble, d'accord ?..." »

2. « Ferme tes petits yeux, mais c'est comme tu veux ! Pense à mamie... Et puis imagine une rose qui naît... Imagine-la d'abord fermée... Tous ses pétales sont serrés les uns contre les autres... Imagine cette rose avec sa tige toute verte... Ça, c'est mamie toute jeune... Elle est déjà très belle...

Et puis vois les pétales s'ouvrir un par un... C'est un peu chaque passage de vie de mamie... Et plus la rose s'ouvre, plus elle sent bon... Ses couleurs sont merveilleuses... Ce sont les bons passages de la vie de mamie... Sur la tige verte, il a poussé des épines... Ce sont les épreuves de vie de mamie, les moments pas faciles... Et la pluie et l'orage éclatent... La rose est toute mouillée... Mais c'est le cycle de la vie... Car la rose a besoin de la pluie pour bien vivre et s'épanouir aussi, autant que le soleil... qui revient... et permet à la rose d'offrir encore plus de parfum et de couleurs superbes... Ces épreuves, c'est ce qui la rend à la fois si fragile et si forte... Et le cœur de la rose est magnifique, entre pluie et soleil, il vit, il bat, quoi qu'il se passe...

Et puis un jour, ayant bien vécu, les pétales commencent à se faner doucement... Il y a un temps pour tout, c'est un cycle naturel... Comme mamie qui commence à vieillir, la rose s'étiole un peu... Elle est toujours aussi belle à voir, aussi gentille... Et puis, un jour, tous les pétales tombent au sol... Et la rose disparaît... Sauf que dans ces pétales tombés au sol, il y a des graines... Et que ces graines vont donner d'autres rosiers... différents de mamie, mais tout aussi beaux... Si tu le veux, tu peux t'adresser à mamie, lui parler avec ton cœur... Et regarde tendrement les roses... Tu auras des réponses... »

Conseil

Pour les séparations difficiles, les déménagements, etc., insistez sur le fait que la vie apporte toujours de nouvelles graines, et que la fleur se construit et doit sa beauté à différentes épreuves.

29

Le besoin du refuge

Chaque enfant, même en pleine forme, a besoin d'un socle de sécurité, d'un refuge. Le mieux est qu'il le construise lui-même le plus tôt possible. Aujourd'hui, beaucoup ont perdu ce fil qui les relie à leur monde intérieur. Happés par les excitations du monde quotidien (les enfants sont particulièrement visés par le neuromarketing), ils se projettent plus à l'extérieur d'eux-mêmes, au détriment d'une véritable immersion, pourtant nécessaire à leur construction psychologique et spirituelle.

Cette méditation va les aider à développer peu à peu leur connexion intérieure et à y bâtir un monde d'harmonie. Proposez-la comme une relaxation créative, un moment de loisir. Il sera bon d'insister doucement sur la possibilité d'y déposer des objets, d'y rencontrer des personnes (parfois l'enfant retrouve un proche décédé ou un animal de compagnie), d'y ajouter des paysages entiers, des parfums, des sons… Le texte ci-dessous vous fournit le canevas, l'enfant l'enrichira à chaque séance. L'important est de mettre en lumière ses besoins, qu'il exprime ses envies et ses premiers deuils (changement difficiles).

Posture corporelle souhaitable
Allongé en tenue souple, bras et jambes légèrement écartés.

Durée
10 à 15 minutes.

Pour tous.

Le voyage vers mon monde secret

« C'est le moment de rejoindre un monde rien qu'à toi... Un monde où tu peux vivre comme tu le désires, avec des copains nouveaux à chaque fois... Ferme tes petits yeux... Es-tu à l'aise, allongé comme cela ?... Dis-moi, sens-tu ton dos bien droit ?... Tes épaules sont-elles bien en appui sur le sol ?... Et tes talons aussi ?...

Bien, respire doucement comme ceci : tu inspires par le nez en laissant ton ventre sortir ; tu souffles par la bouche, le ventre rentre... Tu inspires en détendant tout ton front, et tu souffles... Tu inspires en détendant toute ta mâchoire, et tu souffles... Tu inspires en détendant bien tes épaules, et tu souffles... Tu inspires en détendant tout ton ventre, et tu souffles...

Maintenant imagine... Devant toi se trouve une cascade... Sens-tu sa fraîcheur ?... Eh bien, passe derrière cette cascade, vas-y... Tu l'as fait ?... Surprise : tu te trouves devant une grande lumière, très rassurante... Va vers elle, car tu peux apercevoir derrière tout un magnifique paysage. Avance... Comment te sens-tu ?... Ton corps est-il lourd ?... Léger ?... Raconte... Tu avances, et un animal ou un ami que tu aimes se trouve au bord de ce paysage... De qui peut-il s'agir ? Le reconnais-tu ?... Il va t'accompagner dans cette balade...

Tu commences à rentrer dans ce très beau paysage... Décris-le-moi : est-ce la montagne, la mer, la maison d'un copain ?... Tu te sens bien ici, calme, apaisé, plein de douceur... Tu as la possibilité, dans cet endroit, de déposer dans un grand coffre au trésor des objets

Temps calme !

auxquels tu tiens. Lesquels ?… Tu peux y déposer des souvenirs. Lesquels ?… Tu peux aussi y construire des souhaits. Lesquels ?… Tu continues à te balader… Qui aimerais-tu y rencontrer et pourquoi ?… Veux-tu ajouter quelque chose dans ce paysage ?… Observe… C'est chez toi, et à chaque visite tu retrouveras tout ce que tu y auras semé, comme des graines qui donnent des fleurs… Tu te sens tellement bien dans ce lieu, il est si agréable et réconfortant… Doucement tu reviens vers la cascade… L'ami ou l'animal qui t'a accompagné te dit au revoir… Embrasse-le… Tu franchis la cascade…

Et doucement tu te retrouves ici, allongé mais plein d'énergie, de joie… Bouge tranquillement tes mains, tes pieds, et ouvre les yeux… »

Conseil

Certains enfants utiliseront plutôt comme passage une grotte, ou un trou dans un arbre (plus magique !). Retenez les caractéristiques des objets et souhaits déposés : ils renvoient au vécu de l'enfant. Il est souvent possible d'en parler ensuite, mais ce n'est pas le but premier de cette méditation, qui n'appartient qu'à lui. Le choix de l'ami ou de l'animal qui accompagne est aussi très intéressant à analyser.

30

DÉCONNECTER LES PEURS À VENIR

La rentrée à l'école, le rendez-vous chez le dentiste ou le médecin : beaucoup de peurs connues à l'avance peuvent être « déconnectées ». Apprenez à votre enfant à préparer sa séance avec cette méditation issue de la sophrologie et de la PNL. Ainsi la charge négative reliée à ce type d'événement sera désamorcée, et les autres séances seront plus simples à vivre.

Il est bon de pratiquer cette méditation avant le coucher, afin d'éviter à votre enfant les somatisations, la nuit permettant d'enregistrer ces messages de bien-être. Soyez complice, expliquez-lui que vous aussi avez ressenti ce qu'il éprouve, que vous êtes toujours là, et que « grandir » passe également par ce type d'expérience ! La seconde phase consistera à reproduire cet exercice au moment où l'événement se produira (sur le chemin de l'école ou du dentiste…) en adaptant le principe fourni par le texte.

Posture corporelle souhaitable
Allongé, le dos droit. Tenue confortable.

Durée
10 à 15 minutes.

Pour tous.

L'AVENTURE DE LA NOUVEAUTÉ

« Respire tranquillement, inspire et sens ton ventre se gonfler... Souffle : il se dégonfle... Recommence... Inspire par le nez, souffle par la bouche... En continuant sur ce rythme, ferme tes petits yeux et écoute bien ma voix, je vais compter de 5 à 1...

À 1, tu auras le pouvoir d'imaginer ton avenir... Tu es prêt ?... 5 : tu es bien et tranquille... 4 : tes paupières sont lourdes... 3 : tu respires doucement et tu n'écoutes que ma voix... 2 : ton corps est lourd et tu te sens calme, tranquille... 1 : tu te détends complètement, et te voici sur le chemin de la rentrée de l'école...

Comment te sens-tu ?... D'accord, alors imagine-toi joyeux. C'est quoi, être joyeux pour toi ? Comment es-tu ?... Bien ! Alors pour l'instant reste joyeux, avec les mêmes sensations que celles que tu viens de me décrire... Pour faire de cette journée une très belle journée, imagine et dis-moi comment tu voudrais t'habiller... Quelle chanson choisirais-tu de chanter ou de siffler ?... Je résume avec toi : imagine, sur le chemin de l'école tu es joyeux... Habillé avec tel vêtement de telle couleur... Et tu chantes ou siffles ceci... Continue à te voir ainsi et reviens à ta respiration... Inspire : le ventre se gonfle... Souffle : il se dégonfle...

Tu vois, plein d'autres enfants t'accompagnent... Entends-tu les cris ?... Tout le monde a envie de rejoindre sa nouvelle classe... Décris un peu la scène... Et toi, où te situes-tu ?... Devant ?... Derrière les autres ?... Comme tu es joyeux, imagine que tu vas vers les autres pour les rencontrer... Tu sais, les autres enfants sont comme toi et ils se posent les mêmes questions que toi ! Tu n'es pas seul... Et tu rentres dans la cour avec la même pêche, l'envie de rencontrer, d'apprendre... Décris cela avec bonne humeur...

Et tu rencontres d'autres camarades, il y en a qui te plaisent, d'autres pas ! C'est la vie !... Toujours content d'être là, tu rentres dans ta nouvelle classe... Et tout se passe merveilleusement bien...

Tu es à l'aise... pas impressionné du tout... Tu y es comme chez toi... Tu es en pleine confiance... Tu sais que tu peux être tranquille... en paix... Fixe cette scène à la manière d'une photographie, tu es prêt ? Top : clic clac ! La photo est prise... Pour être sûr de la voir quand tu le désires, serre tes deux paumes l'une contre l'autre...

C'est simple, chaque fois que tu auras besoin de te sentir bien à l'école, tu auras juste à serrer tes deux paumes, et immédiatement tu ressentiras en toi cette sensation de bien-être, de joie... Maintenant, pour revenir dans la réalité, écoute ma voix...

Quand je prononcerai le chiffre 5, tu seras au top de ta forme... 1 : tu te sens bien et joyeux... 2 : tu respires doucement... 3 : tu commences à bouger les mains... 4 : tu commences à bouger les pieds... 5 : ça y est, tu ouvres les yeux, bienvenue ! »

Conseil

Insistez pour que votre enfant apprenne bien à faire perdurer les sensations éprouvées pendant la méditation. Une fois qu'il sera rentré dans le cœur de l'événement (en pleine classe, chez le dentiste…), cela l'aidera d'autant plus.

31

Faire l'état des lieux pour être « bien dans son corps »

En famille ou en classe, tous les tempéraments tentent de cohabiter ensemble. Le mieux, pour garantir un équilibre pour tous, est de faire régulièrement le point sur l'état de nervosité de chacun. Pour cela, le « balayage corporel » est une méditation très simple, qui remet l'enfant en contact avec chaque partie de son corps. Cela l'oblige à rentrer en conscience dans chaque sensation, à agir si nécessaire par le souffle, et à revenir « dans le temps présent ». L'enfant s'apaise, se déstresse et se concentre.

Lisez le texte régulièrement, laissez un petit temps d'action-réaction : ce sont les enfants qui vont s'adapter pour agir dans un temps donné. Il y a un rythme à imposer. Un exemple vous est donné pour le pied et le mollet. Répétez ce texte et adaptez-en les termes en suivant ce parcours : orteils pied gauche, mollet gauche, cuisse gauche. Puis orteils pied droit, mollet droit, cuisse droite. Puis bas-ventre, abdomen, poitrine, haut du dos, épaules. Puis doigts des deux mains, mains, simultanément avant-bras, biceps. Puis nuque, gorge, et toutes les parties du visage, puis l'arrière et le sommet du crâne. Simplifiez la première fois au maximum, déjà une sensation par partie du corps, puis deux… Prévoyez un parcours plus détaillé sur le temps ! La phase finale indiquée est bien à faire en fin de méditation.

Posture corporelle souhaitable
Allongé de préférence, sinon assis, dos droit.

Durée
5 à 10 minutes.

Pour tous.

LE SCAN CORPOREL

« D'abord, pour bien se détendre et être bien présent, respirons ensemble. On inspire par le nez et le ventre se gonfle doucement... On souffle doucement par la bouche et le ventre se dégonfle... Encore : on inspire par le nez, le ventre se gonfle... On souffle doucement par la bouche et le ventre se dégonfle... On inspire... On souffle... Maintenant, yeux fermés ou pas, on pose son attention sur toutes les sensations qui proviennent des orteils du pied gauche d'abord, et de tout le pied ensuite...

Les doigts de pied sont-ils crispés ?... Tendus ?... Et le pied, le sens-tu chaud ?... Froid ?... Sens-tu que tout ton pied gauche est lourd ?... Léger ?... Inspire en te rapprochant le plus possible de la sensation que tu ressens dans ton pied et tes orteils... Souffle en apportant de la douceur à ton pied et à tous les orteils... Encore une fois, on inspire, on est à fond dans le ressenti que l'on a de son pied gauche et des orteils... On souffle en apportant de l'air sur ce pied... qui se détend complètement, comme s'il flottait dans l'air, qu'il était léger comme une plume... heureux...

Maintenant le mollet gauche... Est-il tendu ?... Crispé ?... Sens-tu de la chaleur ?... Du froid dans ce mollet ?... Ce mollet est-il lourd ?... Léger ?... Inspire en te sentant en contact avec les sensations de ton mollet gauche... Souffle en apportant de la détente, du bien-être à ton mollet gauche... Sens ce mollet, plus léger, en bonne santé...

Phase finale (imitez le trajet de l'air avec votre main) : pour bien profiter de tout cela, on inspire en imaginant que l'air rentre par le sommet du crâne... Et on souffle en imaginant que l'air descend dans tout le corps et sort par les orteils... On inspire l'air, qui est comme une grande lumière blanche passant par le sommet du crâne... On souffle, cette lumière descend dans tout le corps et le nettoie, puis la couleur blanche sort par les orteils... On recommence : on inspire...

On souffle... Maintenant on inspire, la couleur blanche de l'air rentre par les orteils... On souffle, la couleur blanche monte dans le corps et passe par le sommet du crâne... Encore deux fois... Enfin, on reste tranquille et on profite de ce moment de calme, de paix... On est bien tranquille... détendu... et à fond dans le présent ! »

Conseil

Revenez dans le présent en demandant à votre enfant de bouger tout son corps progressivement. Pas de transition brusque : laissez-lui le temps d'apprécier les bienfaits de cette méditation.

32

Le besoin d'harmonie

Émotions en dents de scie, agitation nerveuse, fatigue générale : beaucoup d'enfants se laissent rapidement submerger par tout ce qu'ils vivent. C'est d'autant plus vrai en groupe, quand la pression (voire le harcèlement moral ou physique) se fait sentir. Le plus simple est d'apporter l'élément clé de l'harmonie : la respiration cœur-esprit. Cette méditation, issue des recherches scientifiques (appelée en Occident « cohérence cardiaque » et en Inde « pranayama »), met en valeur le fait que cerveau et cœur « battent ensemble », en s'influençant réciproquement (cœur calme = cerveau calme). Ce retour à l'harmonie amène apaisement et concentration.

Il y a un temps général donné pour l'inspiration et l'expiration – compter 5 sur l'inspir et 5 sur l'expir –, et il y a la véritable capacité pulmonaire de chaque enfant. **L'important est de trouver un équilibre de temps entre ces deux phases respiratoires.** Au départ, pour certains, ce sera 4, etc. L'enfant va aussi se poser grâce à son propre rythme, peu à peu. Il arrivera progressivement à 5 secondes en inspir et 5 secondes en expir.

Posture corporelle souhaitable
Assis, dos droit.

Durée
5 à 10 minutes.

Pour tous.

Respirer avec son cœur

« On respire doucement... Une grande inspiration par le nez... Une lente expiration par la bouche, en finissant un peu le buste plié, pour bien vider l'air des poumons...

On recommence : une grande inspiration par le nez... Une lente expiration par la bouche, on finit le buste un peu plié et on vide bien l'air des poumons... Une dernière fois... On inspire... On expire...

Maintenant on pose doucement une paume sur son cœur... Et on respire en l'écoutant... en écoutant ce qu'il a à nous dire... Bat-il vite ?... Est-il calme ?... Le rythme se fait-il régulièrement ?... Et en fermant les yeux, on peut voir ce cœur... Quand on inspire par le nez, il se gonfle... Quand on souffle par la bouche, il se dégonfle... On inspire : tu vois ton cœur qui se gonfle... On souffle : tu le vois qui se dégonfle... On inspire... On expire... Tout est calme... tranquille... en paix...

Et puis tu te rappelles un moment agréable... un souvenir joyeux où tu t'es senti aimé... par un proche... un (ou une) ami(e)... Et tu sens ton cœur léger... en joie... Tu es bien... Tu souris... Une douceur chaude provient de ton cœur...

Et puis tu te mets à respirer en rythme... Quand tu inspires, tu comptes doucement jusqu'à 5 , et quand tu expires, tu comptes aussi jusqu'à 5... Commence... 5 en inspirant... 5 en expirant... Continue : 5 en inspirant... 5 en expirant... Tu fais durer le même temps : ton inspiration sur 5... Et ton expiration sur 5... 5 en inspirant... 5 en expirant... 5 en inspirant... 5 en expirant... Continue sur ce rythme... Tu fais durer le même temps : ton inspiration sur 5... Et ton expiration sur 5... On inspire... On expire... Tout est calme... tranquille... en paix... Tu profites de cet état détendu, mais bien présent... Allez, pour bien revenir dans la réalité, frotte ton torse avec tes paumes de main...

Bonjour, l'harmonie ! »

Conseil
Le cycle respiratoire doit progressivement durer entre 3 et 5 minutes. Il est bon, une fois le processus compris, d'essayer de reproduire cela chaque jour, voire deux ou trois fois. L'enfant s'appropriera très vite cette méthode réflexe !

33

MÉMOIRE ET CONCENTRATION

Des enfants qui ont la mémoire sélective, vous en rencontrez tous les jours ! Il est plus simple et sympa de se rappeler une partie de jeux vidéo avec un copain que le dernier cours : logique ! Du coup, souvent la mémoire flanche, et il faut donc y remédier. Voici un exercice de visualisation en deux phases très simples, qui utilise les couleurs et leurs propriétés sur l'humeur.

Cette méditation oblige l'enfant à être attentif et lui permet de construire peu à peu sa « capacité mémoire ». Utilisez en priorité les couleurs apaisantes : bleu, vert, mauve. En cas de besoin de dynamiser : rouge, orange, jaune. En cas de besoin de clarté dans les pensées : blanc, ivoire, turquoise. Préparez l'enfant à pouvoir ensuite écrire sur une feuille blanche.

Posture corporelle souhaitable
Assis ou allongé, tenue souple.

Durée
10 à 15 minutes.

Pour tous.

Matériel
Feuille blanche et crayons.

Balade au jardin des couleurs

1. « On ferme ses petits yeux, ce sera plus simple. Une paume de main posée sur le ventre, on fait simplement attention à l'air qui rentre et sort par le nez... Et le ventre, de lui-même, comme un ballon, se gonfle et se dégonfle... Observe cela... Inspiration : le ventre se gonfle... Expiration : le ventre se dégonfle... Et c'est bon...

Le corps se calme… se détend… Aujourd'hui, on décide d'aller se balader dans le jardin des couleurs…

Imagine… Tu pousses une petite porte en bois blanc… Et devant toi se trouve une première fleur toute bleue… Tu la respires… C'est parti… Et tu deviens tout bleu… Imagine… Ton front devient tout bleu et il se détend… Ta mâchoire devient toute bleue et elle se détend… Tes épaules deviennent toutes bleues et elles se détendent… Ton ventre devient bleu et il se détend… Ce jardin aux couleurs est beau… Regarde-le… Il est si tranquille…

Et devant toi se trouve une fleur de couleur verte… Tu la respires… Et tu deviens tout vert… Et tout de suite tu es attiré par un arbuste vert… Tu respires devant cet arbuste vert… Tu distingues des feuilles… vertes… Des liserons qui l'entourent… verts…

Ensuite tu te sens attiré par une toute petite fleur mauve… Tu la respires… Et tu deviens tout mauve… comme la fleur… À côté de toi pousse un champignon mauve… Au sol, il y a des feuilles mauves… Face à toi, un arbre fruitier t'offre une prune mauve… Alors tu décides de goûter une prune… Tu la prends dans ta main… l'amènes à ta bouche… tu croques dedans… Elle est sucrée, tu le sens ?…

Et pendant que tu manges cette prune, tu redeviens normal… Tu quittes le jardin en refermant la petite porte de bois blanc… Et tu te sens libre… heureux… disponible… »

2. « Bien, maintenant, il faut se rappeler tous les détails de cette balade ! Écris-les ou dessine-les sur la feuille blanche à côté de toi ! »

Conseil

Vous avez eu ici une base d'exemple, ajoutez des détails sur le jardin au fur et à mesure que vous développerez cette méditation ; la mémoire se doit d'être diversifiée. N'hésitez pas à basculer vers l'humour, en ajoutant arrosoir, tracteur, vache, chat, animaux de la ferme, tous de la même couleur... Le côté « loisir » facilitera l'apprentissage ! Terminez toujours par un fruit à croquer, la sensation de sucré dans la bouche est comme une récompense en fin d'activité et permet le retour au présent !

34

SORTIR DES SOUCIS

Comme chez les adultes, certains faits anodins (frustration, non-compréhension...) prennent rapidement chez les enfants l'allure d'un drame. Cela peut devenir une « fixette mentale » qui tourne en boucle.

Cette méditation va aider votre enfant à sortir de ce cercle en allégeant son fardeau et en lui permettant surtout de rester disponible, tête claire, dans le présent qu'il vit. C'est idéal pour apaiser les stress, les soucis, voire les chagrins, ou pour « dégager » certaines angoisses. Il est préférable de faire cela dès le matin ou au moment où une certaine tension naît.

Posture corporelle souhaitable
Assis, dos droit.

Durée
5 à 10 minutes.

Pour les plus grands.

TRAVERSER LA RIVIÈRE ET VIDER SON SAC !

« On a tous parfois de petits ou de gros soucis ! Mais dans la vie il faut faire avec... Quand on doit traverser une rivière, on ne reste pas au milieu parce qu'on la trouve trop froide... On trouve une solution !... Eh bien maintenant, on va se débarrasser de ce qui nous tracasse, afin d'être bien dans son corps, serein, dynamique !... On va traverser la rivière...

Commençons par respirer doucement... Tu sens le petit vent qui rentre par le nez quand tu sors ton ventre ?... Et ce même petit vent qui sort par la bouche quand tu souffles très lentement ?...

On inspire par le nez... On souffle très lentement par la bouche... On inspire par le nez... On souffle très lentement par la bouche... Ferme les yeux doucement...

Devant toi se trouve une rivière... Tu entends le bruit ?... Tu vois le soleil passer ses rayons dans l'eau... jouer avec... Le chemin à suivre se trouve de l'autre côté, il te faut donc traverser la rivière, et tu portes un sac à dos bien lourd... Avant d'y aller, respirons ensemble... On inspire en sortant le ventre... On souffle en le rentrant...

Tu avances et mets le premier pied dans l'eau... Est-elle fraîche ?... Agréable ?... Désagréable ?... Mets le deuxième pied, puis avance... On inspire en sortant le ventre... On souffle en le rentrant...

Et puis tu sens que ton sac à dos est trop lourd, il te gêne... Dedans il y a des tristesses... des envies non réalisées... des soucis du jour... Pense-y... Qu'est-ce qui est trop lourd aujourd'hui à porter pour toi ?... Continuons à inspirer en sortant le ventre... On souffle en le rentrant...

Tu as bien vu tous tes soucis du jour ?... Alors tu décides d'enlever de ton sac à dos tous tes soucis... Et tu les poses au fond de la rivière... un par un... Tu poses tous tes soucis dans l'eau...

Imagine-toi en train d'enlever des tristesses, des énervements, des déceptions... Les soucis qui sont lourds se déposent comme des pierres au fond de l'eau... Les légers se diluent dans le courant et disparaissent... Prends plaisir à laisser dans l'eau tous tes soucis... tous tes tracas... Vois-les te quitter... se diluer dans le courant... ou se changer en pierres...

Imagine comme tu te sens plus léger… joyeux… On inspire en sortant le ventre… On souffle en le rentrant…

Maintenant, traverse totalement la rivière… Un pied en avant, puis l'autre… Tu arrives sur le chemin ! Tu es libre… tranquille… joyeux… Tu vois comme on peut s'alléger de ses peines ?… Il est important d'achever ce qui est commencé et de savoir s'alléger de ses propres poids… Voilà qui est fait ! »

Conseil
Méditation idéale aussi pour clore une activité et passer à une autre, l'esprit libre.

35

NE PAS VOLER DE BRANCHE EN BRANCHE !

Les enfants encore peu sûrs d'eux ont tendance à être influençables, à se laisser conduire par le bout du nez avec une certaine naïveté. En fait, il leur manque un point d'ancrage, afin que le vent ne les déracine pas ! En Asie, on appelle le point situé sous le nombril le « hara ». C'est un point énergétique (centre de gravité) qui permet, quand on le travaille par la méditation, d'être comme une zone de stockage, un réservoir d'énergie qui leste le corps et fait que, même en cas de situation difficile, l'enfant « reste dans son assiette ».

Cette méditation, qui se développe entièrement dans l'écoute du corps et du mouvement, va permettre à votre enfant de se centrer et de se concentrer immédiatement. Vérifiez bien qu'il a les yeux fermés. Passez de lent à rapide, et inversement.

Posture corporelle souhaitable
Debout, avec de la place pour bouger, tenue ample.

Durée
5 à 10 minutes.

Pour tous.

Fort comme un arbre dans la tempête

« Tu es debout, les yeux fermés. Tes pieds sont joints et tes deux paumes de main sont posées sous le nombril. Tu respires doucement en laissant le ventre sortir un peu en inspirant par le nez... Tu souffles par la bouche presque fermée, lentement, en rentrant le ventre... Tu inspires, tes mains sont poussées par le ventre... Tu souffle, tes mains reviennent en arrière... Continue à respirer en silence... Sens comme ton ventre devient chaud... détendu...

Tout en gardant ton attention posée sur le dessous du nombril, doucement, plie très légèrement les genoux... Sens-toi comme enraciné dans le sol... Sens comme le dessous de chaque pied est bien étalé sur le sol... Le pied droit... Le pied gauche... Sens comme tes genoux t'aident à être planté dans le sol comme un arbre...

Continue à respirer en ne pensant qu'au point situé sous le nombril... Il devient chaud... Il se remplit de ton énergie... Et puis il y a du vent qui arrive... Alors, doucement, tu laisses ton corps pencher un peu en avant... Et, pour ne pas aller trop loin, tu restes uniquement "branché" sur le dessous du nombril, là où tes mains sont posées... C'est ton point d'équilibre...

Ton corps est maintenant penché par le vent vers l'arrière... Pareil : tu restes enraciné en restant totalement concentré à fond sur ton corps... et ce point situé sous le nombril qui est bouillant d'énergie... Le vent vient sur le côté : tu penches sur le côté mais tu tiens bon... Puis sur l'autre côté... Et tu t'enfonces encore en restant bien présent dans ton attention au ventre, aux genoux, vos pieds plantés dans le sol… Et la pluie arrive.

Brrr, tu sens le froid ?… Tu penches en avant… Tu penches vers l'arrière… Tu penches sur un côté.. Tu penches sur l'autre… Et puis le soleil revient… Tu ne bouges plus… Sens ton ventre qui s'est détendu et qui est plein d'énergie… Tes mains aussi sont chaudes… Profite en silence de cet équilibre… de cette harmonie…

Voilà, Tu as appris à développer ton point d'équilibre, de résistance… Pense-y quand tu te sens balayé par le vent de la vie… par les épreuves… les difficultés… Respires en ressentant ce point situé juste sous le nombril et poses tes mains dessus… Tu résisteras alors au vent et à la pluie… »

Conseil

Vous pouvez aussi commencer par des respirations bras ouverts puis fermés, rendre le moment plus « loisir » en soufflant vous-même.

36

DÉVELOPPER LE CALME ET LA CONCENTRATION

Voici une méditation de base qui convient à tous les tempéraments. Elle utilise le fait de compter pour rester bien conscient du cycle respiratoire. Être pleinement attentif à la décomposition du cycle respiratoire permet instantanément à l'enfant de prendre pleinement conscience de ce qu'il vit.

Cette « assise » tendant à devenir régulière, faites de ce moment une activité de partage avec votre enfant en vous asseyant à côté de lui. Passez d'une phase à l'autre quand la première est déjà bien intégrée. Sachez continuer la « pratique » quelques minutes dans le silence, en veillant à laisser votre enfant dérouler son activité à sa vitesse de respiration, pas à la vôtre. Faites peu à peu plusieurs cycles de 10 respirations. **Grâce à cette méditation, l'enfant sera beaucoup plus calme et positif. Il se concentrera aussi plus facilement et plus longtemps**.

Posture corporelle souhaitable
Assis, dos droit, mains sur les genoux, même au bord d'une chaise.

Durée
5 à 10 minutes.

Pour tous.

LE SOUFFLE QUI APPORTE LE CALME

1. « Baisse juste ton regard vers le bas... Et puis pose juste ton attention sur ta respiration... Tu sais que tu inspires de l'air par le nez... Et qu'ensuite tu souffles de l'air doucement par la bouche... C'est le cycle respiratoire... Tu inspires, ton ventre se gonfle un peu... Tu souffles, il se dégonfle... Tu inspires doucement... Tu souffles lentement...

Pour bien comprendre ce mouvement complet de respiration, à la fin de chaque expiration, quand tu as fini de souffler, tu vas compter, cela te demande de bien repérer la fin de ton souffle... Tu peux t'aider en sachant que la fin de l'expiration se fera quand ton ventre sera totalement dégonflé... Tu peux aussi poser une main sur ton ventre pour sentir cela...

Faisons un cycle de 10 respirations ensemble... On inspire... On souffle... 1 : on inspire... On souffle... 2 : on inspire... On souffle... 3 : on continue en silence jusqu'à 10... Observe bien aussi tous les mouvements de ton corps qui se mettent en jeu quand tu souffles... Alors comment te sens-tu, maintenant ?... Et ton corps, est-il tendu ?... Détendu ?... Ressens-tu quelque chose de particulier ?... Dans quelle partie du corps as-tu ressenti quelque chose ?...

Bien, alors recommençons une fois en essayant, dès que l'on part en rêverie, que l'on pense à autre chose, de revenir sur le souffle et sur le chiffre qui correspond au moment de l'expiration, d'accord ?... De 1 à 10, allons y... Et profite de ce moment de pure détente... Vois comme tu es bien... »

2. « Pour comprendre quand commence ton inspiration (l'air qui rentre dans le nez), tu comptes 1 au moment où tu commences à respirer, quand ton ventre se gonfle, d'accord ? Pose bien ton attention sur le début de ton inspiration. Tu peux aussi t'aider avec ta main posée sur le ventre...

Allons ensemble jusqu'à 10...

1 : tu inspires de l'air par le nez, ton ventre se gonfle... Tu souffles lentement par la bouche et ton ventre se dégonfle ...

2 : tu inspires... Tu souffles...

3 : tu inspires par le nez et ton ventre se gonfle... Tu souffles doucement par la bouche et ton ventre se dégonfle...

Continuons jusqu'à 10 en silence et observe bien tous les muscles mobilisés quand tu inspires... Voilà... Alors comment te sens-tu, maintenant ?... Dans quelle partie du corps as-tu ressenti quelque chose ?... Bien, alors recommençons une série, en revenant sur le souffle dès que nous partons en rêverie... Profite de ce moment de pure détente... Vois comme tu es bien... »

Conseil
Aidez votre enfant à se détendre ou à se motiver avant la séance et à la fin de celle-ci, en faisant des mouvements type « petit jogging sur place », et d'amples respirations...

37

La fin de l'autoritarisme !

Savoir laisser tomber une attitude, une volonté d'obtenir quelque chose dans l'instant... ce peut être difficile pour des enfants qui deviennent de plus en plus exigeants, certains imposant par leur caractère leurs diktats. Beaucoup de parents ou d'enseignants n'arrivent plus à gérer cette forme d'autoritarisme !

La méditation du lâcher prise utilise l'expiration et la conscience du souffle pour aider l'enfant à assouplir ses réactions et à passer à autre chose. Commencez par la mise en conscience de l'aspect relâchement qu'implique le fait de s'investir dans l'expiration, puis amenez des exemples concrets de sujets quotidiens qui feront miroir sur l'enfant. C'est par répétition de séance qu'il arrivera à lâcher prise dans l'instant. Beaucoup ne savent même pas qu'il est anormal de tomber dans le rapport de force pour obtenir ce que l'on veut !

Posture corporelle souhaitable
Assis ou debout, le dos droit.

Durée
5 à 10 minutes.

Pour tous.

LES MOUTONS SUR L'EAU

1. « Observe tranquillement tout ton cycle respiratoire… Pose juste ton attention sur le début de ton inspiration et suis tout le cycle jusqu'au bout de ton expiration… Remarque comme ton corps de lui-même suit ce mouvement…

Tu inspires, le ventre puis les poumons vont vers l'avant… Tu souffles, les poumons et le ventre reviennent comme au début… Suis ce va-et-vient quelques instants et ne te laisse pas distraire… Si c'est le cas, reviens sur ta respiration, ton ventre, recentre-toi… Encore un peu…

Maintenant, pour bien marquer ce passage inspiration/expiration, quand tu inspires tu serres un peu tes poings… Quand tu souffles, tu les ouvres doucement, comme si tu lâchais volontairement un objet… Vas-y… Tu inspires en serrant tes poings… Tu expires en les ouvrant et tu lâches l'objet… Encore… Tu inspires, poings serrés… Tu expires, poings ouverts, en laissant partir l'objet que tu tenais…

Pour aller plus loin dans ta capacité à bien te vider de l'air, tu fermes tes lèvres et, quand tu souffles, tu ralentis exprès ton expiration… Tu es prêt ?… Tu inspires, poings fermés… Tu expires très lentement, poings ouverts, en lâchant l'objet… Tu inspires… Tu souffles lentement… Encore… »

2. « Maintenant pense à un objet que tu aimerais avoir tout de suite, alors que tu sais que ce n'est pas possible – par exemple, un autre smartphone...

Imagine, yeux fermés, que tu le tiens dans une main... Inspire par le nez... Souffle lentement et lâche l'objet, tu sais que ce n'est pas possible de l'obtenir... Recommence... Tu inspires, poings fermés, en tenant le smartphone...

Tu souffles et tu lâches l'objet en acceptant le fait que ce n'est pas grave, la vie ne s'arrêtera pas à ça... Inspire, poings fermés... Souffle et lâche prise sur cet objet, laisse-le te quitter... Encore... Tu inspires... Tu souffles et tu lâches l'objet...

Maintenant dans ce silence où tu te sens en paix, tout de suite, te manque-t-il quelque chose ?... Tu es bien tranquille... calme... avec toi et avec les autres... Chaque fois que tu te sentiras frustré de quelque chose, reviens à ta respiration... Souffle lentement en relâchant les poings... Tu sais que ce n'est pas grave, qu'il y a d'autres bonnes expériences qui t'attendent... et que la vie continue... »

Conseil

Insistez sur le côté positif de l'expérience, qui apporte calme et apaisement pour tous. Et sur le fait que chaque chose vient en son temps, quand c'est utile et mérité !

38

Savoir affirmer un choix

Savoir choisir peut représenter pour les enfants une grosse source de stress. C'est comme accepter de grandir d'un coup ! Ils fuiront toujours la décision ou feront tout pour vous obliger à faire le choix vous-même. On peut, par la méditation, rendre sa confiance à l'enfant qui tient souvent cachées ses propres volontés. Il faut qu'il se sente plein d'une vitalité qui soit comme un socle, afin qu'il puisse s'appuyer dessus et n'ait pas peur non plus de se tromper.

Par la métaphore du ballon, l'enfant accepte de reprendre son pouvoir de décision. Insistez bien sur la force que cela donne chaque fois, et sur le fait que dire oui à l'expérience de la vie aide à grandir et à éviter les situations difficiles. Faites les gestes face à votre enfant. Celui-ci peut prendre autant de ballons qu'il le désire…

Posture corporelle souhaitable
Assis dos droit, mais avec possibilité de mouvements.

Durée
5 à 10 minutes.

Pour tous.

Rattrape les ballons qui s'envolent !

« Confortablement assis, tu vérifies bien tes points d'appui sur le sol… Ton fessier… Tes pieds… Ton dos, est-il droit ?… Rectifie si nécessaire… Inspire par le nez, laisse ton petit ventre sortir… Amuse-toi à le voir se dégonfler quand tu souffles par la bouche… Sois attentif au calme qui règne dans ton corps…

Maintenant ferme tes yeux... Imagine... Au-dessus de toi il y a une bonne dizaine de ballons de couleur... Tu les vois ?... Chacun possède un fil pour qu'on puisse le tenir... Chaque ballon, c'est un peu de toi... Un ballon rouge, c'est un peu de ta force... Un ballon jaune, c'est un peu de ton courage... Un ballon bleu, c'est un peu de ton envie d'avancer...

Tous ces ballons sont à toi... Alors plutôt que de les laisser se perdre dans le ciel, tu vas les attraper, cela va t'aider à bien grandir... Grâce aux couleurs des ballons, tu vas pouvoir affirmer qui tu es... Un oui sera un vrai oui !... Un non sera un vrai non !... Un ballon rouge, de la force... Un ballon jaune, du courage... Un ballon bleu, de l'envie d'avancer...

Bien, de quelle couleur sera ton premier ballon ?... D'accord ! Alors imagine (mais tu peux aussi faire le mouvement avec le bras) qu'en inspirant tu attrapes le fil de ce premier ballon... Vas-y... Tu inspires et attrapes le fil... Tu souffles et amènes le ballon près de toi, et tu grandis !... Continue... De quelle couleur va être le prochain ballon ?... Rouge force ?... Jaune courage ?... Bleu envie d'avancer ?...

Bien, alors tu inspires et attrapes le fil du ballon de couleur... Tu souffles et amènes le ballon près de toi, et tu grandis... Continue... Je te rappelle : ballon rouge, de la force... Ballon jaune, du courage... Ballon bleu, de l'envie d'avancer... Que choisis-tu ?...

D'accord, alors inspire et va chercher le fil du ballon choisi... Souffle et fais-le descendre de cette pièce près de toi, et tu grandis... Tu sens comme tu deviens plus fort, plus confiant... Encore un ballon...

De quelle couleur as-tu besoin ?... Bien, alors tu inspires et attrapes le fil du ballon de couleur... Tu souffles et amènes le ballon près de toi, et tu grandis...

As-tu encore besoin d'une couleur pour te sentir capable de dire oui ou non tout seul ?... Bien, respire doucement et prends le temps de te sentir plein de force rouge... de courage jaune... d'envie d'avancer bleue...

Tu vois, parfois nous laissons nos forces loin de nous... Alors qu'il suffit de les utiliser pour grandir et choisir en toute confiance... Dis dans ta tête : "À partir de maintenant, je saurai tout seul dire oui ou non"... Vas-y... C'est un engagement... Ouvre tes petits yeux, frotte tes deux paumes de main et passe la chaleur sur tout ton visage... Bienvenue chez toi ! »

Conseil

Vous pouvez choisir d'autres qualités que le courage, la force et l'envie d'avancer, ou en ajouter d'autres. Utilisez bien dans ce cas des codes couleurs différents, afin que l'enfant ne les confonde pas dans sa mémorisation dans le temps.

39

Apprendre à pardonner

Des moments où l'enfant est tendu, des passages où il est soudain violent : vous pourrez sans doute percevoir derrière ce comportement qu'il s'est senti agressé. Ce n'était peut-être pas grand-chose, mais pour lui c'était beaucoup. Une fois que l'on a cerné le problème et la personne (parfois un petit frère qui a cassé un objet volontairement), il faut apprendre à l'enfant à pardonner afin qu'il puisse passer à autre chose. Parce que bien souvent c'est l'enfant agressé qui peut devenir encore plus stressé parce qu'il n'arrive pas à lâcher prise. Cela évite aussi l'acte de vengeance…

Il est important de ne pas juger votre enfant ou celui qui l'a agressé. Une neutralité bienveillante est toujours nécessaire. La première étape, qui consiste à pouvoir clarifier ce qui s'est passé, n'est pas la plus simple. **La respiration va être ici un élément important pour que les émotions ne bloquent pas l'enfant.**

Posture corporelle souhaitable
Assis ou debout, dos droit.

Durée
10 à 15 minutes.

Pour tous.

Mettre du soleil dans les cœurs !

« Tu as dit que tu en voulais encore à Robin de t'avoir fait mal en te poussant… Depuis, tu n'arrives pas à passer à autre chose… Et du coup, tu as encore mal, je le vois bien… Ne serait-ce pas mieux que tu te sentes en paix… tranquille ?…

Tu vas doucement raconter ce qui s'est passé… Prends le temps et fais de bonnes respirations en même temps… Regarde, je le fais aussi... On inspire par le nez et on sort le ventre... On expire et on rentre le ventre... On inspire... On souffle... On inspire... On souffle... Vas-y, que s'est-il passé ?...

D'accord, reviens à ta respiration : sors le ventre en inspirant, rentre-le en soufflant... Sens-tu comme ça t'aide de respirer doucement mais complètement, sans te bloquer ?...

Dis-moi, repense à Robin... Es-tu sûr qu'il se rendait compte de ce qu'il faisait ?... Tu sais, peut-être agit-il comme cela parce que pour lui ce n'était pas grand-chose... Il ne pensait pas te faire mal...

Penses-y en respirant doucement : inspire en revenant à ton ventre qui se gonfle, souffle en le laissant se dégonfler... Et puis souvent ce sont des enfants malheureux qui font du mal aux autres... Inspire... Souffle... Ne pourrais-tu pas lui donner un petit bout de ton cœur pour qu'il change ?...

Inspire en posant une main sur ton cœur, souffle en envoyant à Robin des rayons de ton cœur... Inspire par le ventre : tu prends un peu de ton cœur dans ta main... Souffle : avec cette main tu lui envoies de l'amour... En fait, il en a besoin plus que toi !...

Recommence... Inspire par le ventre : tu prends un peu de soleil de ton cœur dans ta main... Souffle : avec cette main tu lui envoies du soleil, cela l'aidera à comprendre ce qu'il fait...

Bien, comment te sens-tu ?... C'est un bon début, et tu vois comme le fait d'accorder le pardon te libère... comme tu te sens plus tranquille... en paix...

Ton ventre est tout détendu, et toi, tu peux passer à autre chose… Maintenant, quand tu reverras Robin, tu le regarderas en souriant… Tu seras de nouveau libre d'être comme tu le veux… et joyeux… Et puis un jour, peut-être serez-vous réconciliés… »

Conseil
Si vraiment la situation est trop difficile, que l'enfant n'arrive pas tout de suite à accorder son pardon, incitez-le à choisir dans un premier temps un élément extérieur qui pourra le faire à sa place, comme « le grand sage de la montagne », ou « le magicien qui pardonne »… Cela lui permettra au moins d'enclencher le processus. Dans les cas de harcèlement, agissez vous-même concrètement : pardonner ne veut pas dire accepter de subir…

40

ON A TOUS BESOIN DES AUTRES

Certains enfants ne partagent pas. Ils gardent pour eux ce qu'ils possèdent, ce qu'ils comprennent, ce qu'ils créent ou développent. Ce n'est pas simplement par égoïsme ou par crainte, mais parce qu'ils ignorent que le partage apporte la richesse et l'évolution, et surtout que nous sommes tous liés ! Laisser de côté les gens, la réalité, en pensant en être indépendant conduit à l'isolement, et un jour ou l'autre l'enfant s'aperçoit que ce qui n'est pas réglé collectivement a des conséquences directes sur chacun. L'aider à prendre sa place dans la collectivité est le but de cette méditation.

Encouragez l'esprit créatif de votre enfant : c'est en étant amené à innover qu'il comprendra que des solutions nouvelles sont possibles. Nous vous proposons pour cette méditation un « décor » cadre, avec un canevas. N'hésitez pas à le changer régulièrement.

Posture corporelle souhaitable
Allongé, bras et jambes légèrement écartés.

Durée
10 à 15 minutes.

Pour tous.

Matériel
Une feuille blanche et des crayons.

Jardiner ensemble au potager

« Ferme les yeux et n'écoute que ma voix... Respire doucement... Ressens les points d'appui de ton corps sur le sol... Ta tête... Tes épaules... Ton dos... Ton fessier... Tes pieds... Sens ta respiration qui peu à peu t'amène vers le calme... Tu inspires par le nez, ton ventre se gonfle... Tu expires par la bouche, il se dégonfle... Grâce à ta respiration, ton front se détend... Ta mâchoire se détend... Tes épaules se détendent... Ton ventre se détend...

Reste quelques instants ainsi à observer ton corps qui suit le cycle respiratoire... Inspiration : le ventre se gonfle... Expiration : le ventre se dégonfle...

Maintenant, je vais compter jusqu'à 5... Quand je dirai le chiffre 5, tu te retrouveras dans un jardin potager très coloré, entre fruits et légumes...

1 : tes paupières deviennent lourdes... 2 : ton corps est bien, détendu... 3 : ta respiration est calme, tranquille... 4 : tu te sens apaisé, en sécurité.. 5 : tu te retrouves à l'entrée d'un jardin potager où pour l'instant il ne reste qu'une fraise... Cueille-la et mange-la... Sens le goût de ce fruit dans ta bouche... du sucre... du jus... Mmmm... Ce serait bon d'en manger d'autres...

Bien, quel autre type de fruits souhaiterais-tu voir pousser autour du fraisier ?... D'accord... Et pour les légumes ?... Et pour faire joli, quel type de fleurs ?... Le jardin potager est grand, tu vas avoir besoin d'autres amis jardiniers. Qui autour de toi pourrait t'aider ?...

D'accord… Qui va semer les graines ?… Qui va enrichir la terre avec du terreau ?… Qui va arroser pour que les plantes poussent ?… Qui va tailler ?… Qui va récolter ?… Qui va laver les fruits et les légumes ?… Qui va couper les fleurs ?… Qui va les mettre dans un vase ?…

Tu vois, pour manger une simple fraise, déguster juste un seul légume, profiter d'une belle fleur, l'équipe entière est nécessaire… Chacun contribue à l'existence de ce potager… Seul, on peut arriver à faire pousser de bonnes choses ; à plusieurs, on peut faire vivre un jardin potager qui nourrira des dizaines de personnes…

Maintenant, reviens à ta respiration, qui est lente et régulière… Au chiffre 5, tu ouvriras tes petits yeux et seras en pleine forme, en gardant en tête l'image positive de ce potager où s'activent, avec toi, tes amis… 1 : tu respires calmement… 2 : tu poses ton attention sur le centre du front… 3 : tu commences à bouger tes mains… 4 : tu bouges doucement tes pieds… 5 : tu ouvres tes yeux lentement… Bienvenue ! »

Conseil
Laissez l'enfant dessiner son potager, ses copains, les plantes, fruits et légumes, histoire d'enraciner le processus et de prolonger sa détente…

41

Les actes ont des conséquences

Bousculer, agresser, ne pas vouloir, ne pas faire… Être joyeux, aller vers l'autre, partager… La liste des attitudes ayant des conséquences est longue ! En fait, le problème serait plutôt d'expliquer aux enfants qui ne veulent pas prendre en compte ces conséquences que tout acte, et même toute pensée, entraîne des réactions, agréables ou désagréables. Cette méditation aide l'enfant à prendre en considération cette vérité : on lance un boomerang, il revient !

Préparez crayons et feuille blanche. Si l'enfant résiste, proposez-lui des situations que vous avez remarquées, aussi bien agréables que désagréables. Attention : ce n'est pas une activité de jugement, **il s'agit simplement de lui faire prendre conscience que, même jeune, il doit peu à peu accepter la responsabilité de ses actes**. On n'en est pas ici à parler de bien et de mal.

Posture corporelle souhaitable
Assis au bord d'une chaise, dos droit, près d'une table.

Durée
10 à 15 minutes.

Pour tous.

La pierre tombe dans l'eau !

« Quand on respire tranquillement, le corps et l'esprit se sentent bien... Regarde, fais comme moi : pose tes paumes de main l'une sur l'autre, dirige ton regard vers le sol et respire tranquillement...

Tu inspires par le nez... Tu souffles par la bouche... Encore... Tu inspires doucement... Tu souffles lentement... Tu inspires... Tu souffles... Que ressens-tu dans ton corps ?... Bien, donc tu fais l'action d'inspirer

et de souffler en ne te concentrant que sur cela. La conséquence est que tu es plus calme... Tu fais... Il y a une conséquence...

Maintenant ferme les yeux... Continue à respirer doucement... Imagine... Vois une pierre qui tombe au centre d'une flaque d'eau. Que se passe-t-il ?... Bien, donc une action, une conséquence : on est d'accord ?... Rebranche-toi sur ta respiration... Inspire par le nez... Souffle par la bouche... Imagine...

Un bûcheron coupe avec sa hache le bas d'un arbre. Que se passe-t-il ?... Oui, l'arbre tombe ! Une fois qu'il est tombé, que peut en faire le bûcheron ?... Oui, des bûches... Et avec les bûches ?... Bien, du feu... Il peut aussi découper des planches dans le tronc. Que va-t-il faire avec ?... D'accord !...

Donc on part de l'action d'un bûcheron qui coupe un arbre, et on a pour conséquence que l'on peut avoir des bûches, faire du feu, découper des planches, construire des meubles avec celles-ci, un parquet, un toit... Avec la seule action du bûcheron, on a de multiples conséquences...

Reviens à ta respiration... Inspire par le nez... Souffle par la bouche... À toi de choisir un événement vécu ici, à la maison, par toi. Raconte-moi ce que tu as fait et les conséquences que cela a eues, même les plus petites...

Bien, donc quand tu fais quelque chose, il y a une conséquence... Pense aussi à un événement dont tu as subi les conséquences. Raconte...

Donc quelqu'un a fait quelque chose, tu en as subi les conséquences... Tu es bien d'accord pour dire que chaque action a des conséquences ?... Et que tu deviens responsable de ce que tu fais ?... Es-tu d'accord avec cela ?... Pour bien ancrer en toi cette compréhension, respire doucement... Inspire par le nez... Souffle par la bouche... Tu vois, ça fonctionne, tu es plus calme... »

Conseil

Votre enfant peut aussi dessiner une action page de gauche, ou la marquer symboliquement par un code couleur, et dessiner ou colorier les conséquences page de droite. Cela fortifie la compréhension des termes « actions », « conséquences »...

42

VITE ! DÉ-STRESS IMMÉDIAT !

L'enfant brise-tout, on connaît. Celui qui broie machinalement tout ce qui passe entre ses mains en vous regardant, de même ! Parfois il vaut mieux que tout explose plutôt que de garder en soi ce que l'on éprouve. Le problème est que certains enfants vont s'épuiser et en tomber malades, être encore plus malheureux car rien n'aura été éclairci dans ce moment d'expression.

Voici deux manières très simples de canaliser l'enfant et de lui permettre d'exprimer clairement la source de sa colère. Prenez de vieux journaux ou magazines, investissez dans une petite barre d'argile que vous trouverez dans un magasin de loisirs créatifs. Il se peut, pour le même sujet de colère, qu'il soit nécessaire de refaire plusieurs fois le processus, ou que celui-ci amène d'autres sujets à exprimer.

Posture corporelle souhaitable
Debout près d'une table et d'une corbeille, pour que tout le corps soit investi dans l'action.

Durée
10 à 15 minutes.

Pour tous.

Matériel
De vieux journaux, une corbeille et une petite barre d'argile.

Je dis que j'en veux plus !

« Tu es énervé et même en colère… Pour revenir au calme et te sentir mieux, tu vas exprimer, dire, mais d'une manière ordonnée… car ton corps, lui, ne supporte pas quand tu es en colère, il s'épuise et il ne peut pas dire : "Pousse, arrête !"

Devant toi, tu as de vieux journaux et une corbeille… Prends une feuille du journal… Respire doucement : tu inspires par le nez, tu souffles par la bouche… Continue doucement : inspire doucement, souffle lentement, bouche un peu fermée… Tu inspires, tu souffles…

Maintenant pense au sujet qui te met en colère… Commence à écraser entre tes mains cette feuille tout en continuant à penser au sujet qui te rend furieux…

Maintenant ajoute une feuille pour entourer la première… Raconte en détails la cause de ton énervement… Et broie la feuille avec la première… Dis clairement que tu mets toute cette colère dans cette feuille de papier… que cette situation pénible qui t'a énervé, tu n'en veux plus… Encore, encore…

Lève la boule de papier, vise la corbeille et jette-la de toutes tes forces en disant : "Ça se termine là !" Vas-y !… Bien !

Maintenant, prends dans tes mains une boule d'argile et malaxe-la en te "branchant" sur ta respiration… Tu malaxes la boule, tu la passes gentiment d'une main à l'autre, et pendant ce temps-là tu inspires par le nez… Et tu souffles par la bouche… Si tu le veux, tu fermes les yeux et tu imagines un grand ciel bleu… qui te calme, t'apaise... Et tu inspires doucement... Et tu souffles lentement... Et puis tu peux aussi voir une forêt aux feuilles toutes vertes... Et cette couleur verte te nourrit le cœur... et t'apaise... Et tu inspires par le nez... Et tu souffles lentement... Tout va bien... Tu es tranquille... calme...

Tu as dit ce que tu devais dire, et c'est parfait... Tout est bien, maintenant... Tu vois, il faut dire, mais en restant calme... attentif aussi aux autres... Comment te sens-tu ?... Soulagé ?... Bien ! »

Conseil

Canalisez cette activité dans un endroit délimité, pour que cela ne déborde pas vers une autre pièce ou un autre enfant présent plus loin. C'est un moment complice entre votre enfant et vous, et de confiance, quelque part : il se confie aussi à vous !

43

La fin de l'agitation

Sans frein ni cadre, un enfant laissera souvent son corps s'exprimer sans aucune cohérence, ou ira vers le plus simple : la brutalité. Certains, comprenant qu'ils peuvent obtenir beaucoup en dirigeant cette énergie, jouent aux caïds ; d'autres restent dans des expressions saccadées menaçantes pour les autres car désordonnées et explosives pour eux-mêmes ! « Ramener l'enfant vers lui » est une expression qui signifie l'aider à rassembler toutes ses énergies sur un point, celui du hara. Ce point méridien important se situe à quelques centimètres sous le nombril. C'est le point référence de la méditation zen.

Cette méditation de mouvements va obliger votre enfant à se concentrer sur le point du hara. Normalement, il donc préférable, pour la faire, d'imposer le silence. Mais vous pouvez bien sûr adapter l'exercice en fonction de l'humeur.

Posture corporelle souhaitable
Ventre contre le sol, tenue adaptée, espace pour se déplacer.

Durée
10 à 15 minutes.

Pour tous.

La force du lézard !

« Tu es allongé sur le ventre... Sens bien tes points d'appui... Tes pieds... Ton ventre... Tes bras... Ta tête... Respire calmement... En inspirant et en soufflant lentement, ressens comme cela te tire un peu dans le dos... comme cela écarte un peu tes côtes... Imagine...

Tu es un lézard tout vert !... Tu portes des écailles... Tu as une longue queue... des griffes au bout des doigts... Mets-toi bien dans la peau de ce lézard tout vert qui veut aller se baigner dans la rivière... Inspire... Souffle... Inspire... Souffle... Tu sens comme ton corps est calme... Bien, commence à poser la paume de ta main droite sur le sol... Relève la tête devant toi... La rivière est à quelques mètres... Tu dois faire cette distance en silence et très, très lentement, car si les aigles te détectent, ils viendront te manger... Commence à remonter vers toi, et sans le décoller du sol, ton genou gauche... Imagine maintenant que tout ton ventre est comme collé au sol, comme une

ventouse... Pour cela, inspire par le nez... Vas-y... Et souffle par la bouche tout en appuyant encore volontairement ton ventre sur le sol... C'est simple, si je te bouge les hanches, je ne dois pas pouvoir décoller ton ventre... J'essaie... Inspire... Souffle et colle ton ventre en soufflant... Parfait... Lance ta paume gauche un peu en avant et remonte ton genou droit sur le côté... Inspire... Souffle et appuie ton ventre sur le sol... Continue vers la rivière le plus lentement et le plus silencieusement possible... Appuie bien ton ventre, sinon l'aigle va te décoller du sol !... Inspire en avançant... Colle ton ventre tout en soufflant... Encore...

Oh, attention ! Un crocodile est au bord de l'eau... Repars en arrière... le plus lentement possible... Aide-toi toujours de ton ventre pour rester bien droit, tu n'as pas la place de te retourner... Halte... Opération camouflage... Pose tes mains sur ta tête, l'aigle passe au-dessus de toi... Il ne doit même pas t'entendre respirer... Inspire en silence... Souffle très, très lentement en silence... Inspire... Souffle... C'est bon : aigle et crocodile sont partis... Repars vers l'avant en gardant ton ventre bien plaqué au sol... Parfait, tu es arrivé à la rivière... Tu me fais un très beau lézard ! Tu as vu, dès que tu es bien concentré, calme, toute la force dont tu disposes ?... Et tu n'es pas fatigué ! Super ! »

Conseil

Ne passez à la marche du crocodile (corps levé en appui sur les mains et les pieds) que lorsque le point d'appui du ventre au sol est bien intégré.

44

Fatigué et pas envie !

Peut-être, mais pas fatigué pour jouer avec les copains, ou très envie d'utiliser sa console de jeux pour s'évader sans problème ! Le corps des enfants se fatigue et se « froisse » très vite, dès lors qu'ils s'asseyent mal, se tortillent, courent en tous sens et parfois ne se posent pas. Donc, les remettre régulièrement à l'écoute des sensations et des besoins de leur corps est indispensable. Le langage du corps doit être connu et reconnu rapidement.

Voici un chemin de yoga simple, qui demande de la concentration, de l'écoute et de la mise en pratique. **Cet exercice va harmoniser l'enfant, réguler son tonus musculaire et apaiser son système nerveux.** Tout doit se faire dans la sensation. Veillez à la bonne exécution des mouvements, dans la lenteur.

Posture corporelle souhaitable
Debout, allongé, tenue souple. De l'espace pour s'exprimer.

Durée
10 à 15 minutes.

Pour tous.

Mon corps me parle !

« 1. Imagine que tu es comme un arbre... Tu es debout, les genoux légèrement fléchis, tu serres tes deux mains et les poses sur ton ventre... Ressens bien que le dessous de tes pieds (la voûte plantaire) est bien étalé sur le sol... N'hésite pas à rectifier... Ressens ce sol en appuyant volontairement quelques instants dessus, quitte à te balancer légèrement mais sans décoller les pieds... Puis inspire en levant tes bras devant toi et en amenant tes deux mains serrées bien au-dessus de ta tête... Étire-toi bien, sens comme tu tends doucement ta colonne vertébrale... Pose tes mains jointes sur ta tête et amène le talon droit juste en dessous ou au-dessus de ton genou... Souffle doucement en restant en équilibre... Repose ton pied en ramenant les bras le long du corps... Recommence de l'autre côté !...

2. Passe à quatre pattes dans la position du chien, penche la tête vers l'avant... Inspire en sortant le ventre et en amenant un peu tes épaules vers l'arrière... Souffle et reviens au départ... Fais cela 5 fois...

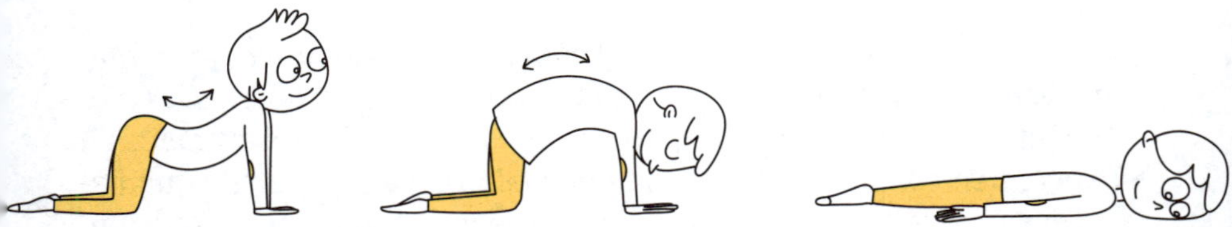

2. 3. 4.

3. Pour devenir chat, tu inspires en sortant le ventre et tu souffles en arrondissant ton dos, 5 fois…

4. Pour devenir cobra, allonge-toi sur le ventre, les bras le long du corps, et respire ainsi doucement… Puis, en inspirant par le nez, tu replies tes bras devant toi, tu prends appui sur tes coudes, paumes bien à plat sur le sol, et tu redresses ta tête et le haut du corps comme si tu cherchais quelque chose !… Sens comme tu étires bien toute ta colonne… Refais cela encore 4 fois. Puis reste allongé, les bras le long du corps, et respire tranquillement encore quelques instants… Si tu t'endors, tant mieux ! »

Conseil
Vous pouvez aussi terminer avec la poupée de chiffon : l'enfant, debout, laisse son corps aller en tous sens, les épaules tombantes et les bras ballants.

Temps calme !

45

Être endurant et persévérant !

Des enfants trop mous, d'autres trop tendus, certains qui semblent puissants et qui s'essoufflent au bout de cent mètres… Ce type d'enfant n'est que rarement capable d'endurance et de persévérance… Tous ont en commun le fait d'un apprentissage de la motricité qui n'a pas ensuite été équilibré par un sport privilégiant l'équilibre musculaire (comme la gymnastique ou la natation). Le football privilégiera le bas du corps, le basket les hanches et le haut… Bref, il faut apporter une notion d'équilibre et d'ouverture du corps vers l'extérieur. Le yoga est parfait pour cela, et le mix persévérance et endurance y est bien présent. Voici un excellent résumé de plusieurs mouvements de yoga : la salutation au soleil.

Inspirez-vous des dessins ci-dessous. Dans un premier temps, l'enfant va déjà faire l'enchaînement pour le mémoriser. Aidez-le en décomposant chaque passage. Puis, dans un second temps, suivez scrupuleusement les respirations indiquées. **Celles-ci assurent la bonne circulation du sang et de l'oxygène, et vont favoriser la récupération nerveuse.** Bien sûr, c'est un loisir. Donc, ambiance calme !

Posture corporelle souhaitable
Debout, tenue ample. De l'espace pour le mouvement.

Durée
10 à 15 minutes.

Pour tous.

La salutation au soleil !

« Un peu de mouvements te fera du bien... En Inde, on appelle cela "pratiquer le yoga". Tu vas voir, tu vas être en pleine forme, tout en étant détendu !

Dans un premier temps, grâce aux dessins tu apprends l'enchaînement de mouvements ; je le fais avec toi... Dans un second temps, il te faut essayer de bien suivre les moments où il faut inspirer et souffler ; et là, je t'aide pour cela...

L'important est que tu sois dans le ressenti de chaque mouvement, que tu sentes bien tes appuis au sol, que tu étires ta colonne, que tu ne forces pas sur les genoux, donc que tu restes léger... Tout doit être fait doucement, et en harmonie... »

Conseil
Mieux vaut le faire 3 fois lentement, totalement concentré, que 20 fois en étant speed. 7 fois est un bon chiffre. Aménagez cela avec une ambiance musicale douce. Vous pourrez prolonger avec une relaxation guidée, par exemple...

1. Debout, bras le long du corps, je regarde droit devant en soufflant

2. ... et j'inspire en levant les bras et le regard vers le ciel

5. Je souffle en me couchant face au sol

6. ...et j'inspire en me redressant, le visage vers le ciel

8. ... et j'inspire en ramenant mes mains vers mes pieds

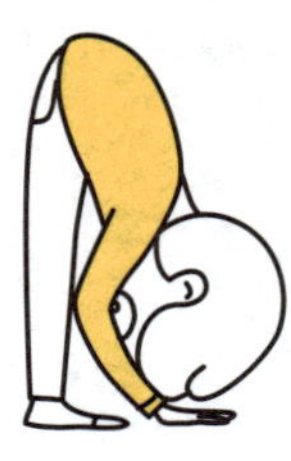

9. Je souffle en rapprochant ma tête de mes jambes

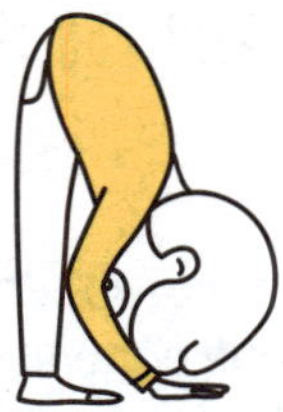

3. Je souffle en baissant les bras et en rapprochant ma tête de mes jambes

4. ... et j'inspire en posant les mains devant moi

7. Je souffle en redressant les fesses

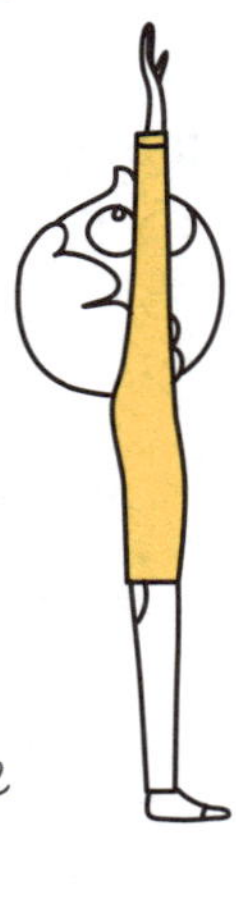

10. ...et j'inspire en levant les bras et le regard vers le ciel

11. Pour finir, je souffle en revenant en position initiale

46

Savoir se calmer et se concentrer par les mandalas

La mode des mandalas correspond à un besoin des enfants de se retrouver au calme pour construire leur monde en toute tranquillité. Il y aura donc deux phases expliquées ici selon les besoins et les humeurs de l'enfant : le mandala de relaxation et le mandala de concentration. La respiration adaptée à ce type d'activité est expliquée. L'idée est d'arriver à une méditation très douce et studieuse.

Proposez cette activité comme un espace-temps où votre enfant pourra apprendre à se détendre profondément et à se concentrer facilement. Prévoyez des crayons de couleur et des feuilles de dessin, car il va aussi se valoriser en réussissant une œuvre complète et propre. Vous pouvez également préparer une matrice avec trois cercles, que vous n'aurez plus qu'à imprimer selon vos besoins.

Posture corporelle souhaitable
Assis, dos droit. Pas tendu !

Durée
10 à 15 minutes.

Pour tous.

Matériel
Crayons de couleur et feuilles de dessin.

Les mandalas pour être en pleine forme !

« Au départ, avant de commencer, respire simplement, yeux fermés, en observant ton ventre qui sort quand tu inspires et qui rentre quand tu souffles. Reviens toujours à ta respiration par le ventre dès que tu sens que tu es confus, fatigué, irritable... Pendant ton activité, si tu pars en rêverie, "rebranche-toi" sur l'air qui rentre et sort par le nez, ton ventre qui joue au ballon qui se gonfle et se dégonfle. Prends le temps, ce moment est à toi...

Prends une feuille de papier blanc. Dessine un premier petit cercle au centre. Puis un deuxième qui entoure le premier. Puis un troisième qui entoure les deux autres. C'est un dessin magique, voici pourquoi :

1. Tu sens que tu as besoin de te détendre : tu commences par colorier le centre du dessin – le petit cercle. Uniquement une fois que tu l'as rempli des couleurs que tu as choisies, tu passes au deuxième cercle, que tu remplis aussi. Et une fois seulement après avoir rempli les deux premiers cercles, tu colories le troisième, d'accord ?... Tu vas de l'intérieur du dessin vers l'extérieur.

2. Tu trouves que tu as du mal à te concentrer : tu fais, cette fois-ci, dans le sens inverse. Tu commences par colorier l'intérieur du plus grand cercle. Puis tu passes au cercle entre le petit et le grand, et tu termines par le plus petit au centre de la feuille. Tu vas de l'extérieur vers l'intérieur. »

Conseil

Une fois votre enfant familiarisé au fonctionnement du mandala, demandez-lui d'ajouter dans chaque cercle un objet (ballon, étoile…), puis des objets tout petits comme des mini-bulles, de petites feuilles d'arbres, des cailloux ou des billes de couleurs. Puis des éléments de la nature (fleurs, arbres, animaux…) de plus grande taille : sa créativité sera décuplée et il se sentira d'autant plus valorisé. Des thèmes peuvent naître comme de la terre à la lune, du fond de l'eau vers la lumière, etc.

Demandez aussi à votre enfant d'écrire des mots, des expressions, afin de l'aider à se « délier mentalement » quand vous le sentez perturbé psychologiquement.

47

LES PERTES D'ÉNERGIE MENTALE

Les baisses d'intensité chez l'enfant peuvent se traduire par de grands moments d'hyperconcentration, suivis d'une fatigue générale. La méditation est proposée ici à la manière d'un entraînement qui permet d'assurer sur le temps le soutien de l'attention et un développement cognitif faisant appel à d'autres sens que ceux de base. N'oublions pas que le cerveau s'entraîne comme un muscle : s'il ne fonctionne que par intermittence, il réagira de même !

Prenez le temps de tester cela avec votre enfant. Ne faites pas forcément les trois points proposés ici, à la suite. Utilisez bien le canevas du point 1 au niveau du souffle pour les deux autres points. En revanche, sur ce principe, innovez !

Posture corporelle souhaitable
Debout, dos droit.

Durée
5 à 10 minutes.

Pour tous.

La découverte de ses propres forces !

1. « Ferme les yeux et commence par respirer doucement... Pose une main sur ton ventre... Tu inspires par le nez, ton ventre pousse un peu ta main... Tu souffles par la bouche, ton ventre se dégonfle lentement... Encore, tu inspires... Tu souffles... Tu inspires... Tu souffles... Tu vas découvrir comme tu peux à la fois être fort et doux en même temps !

Tends ton bras droit devant toi, paume ouverte vers le plafond, respire doucement par le nez... Dans cette paume, imagine qu'il y a un livre très, très lourd... Tu sens comme il est lourd ?... Tu as du mal à ne pas lâcher et tu sens ton bras plier un peu... Ça va ?... Tu résistes ?... Mais tu tiens bien !... Pense que ta respiration t'aide à tenir ce livre, que quand tu inspires tu reçois plein de force qui vient du ciel... Et quand tu souffles, tu en profites pour bien appuyer sur tes pieds, comme ça tu es comme un arbre, indéracinable... Inspire... Souffle...

Maintenant sans bouger ton bras droit, tu tends ton bras gauche, paume ouverte vers le ciel, et tu continues à respirer doucement... Inspire : tu reçois de la force du ciel... Souffle : tu appuies sur tes pieds et tu t'enracines... Sur ta paume gauche est posé un très beau verre de cristal, il est très fragile... Il est léger et ne doit pas tomber !... Inspire... Souffle... Concentre-toi : d'un côté un livre lourd... de l'autre un verre léger et fragile !... Soupèse-les de nouveau, l'un après l'autre... Le livre est lourd... Le verre est léger et

fragile… Toujours yeux fermés, plie le genou droit et pose-le au sol. Attention : sans rien renverser !… Redresse-toi et pose l'autre genou… Maintenant ouvre les yeux et regarde si un bras est plus haut ou plus bas que l'autre. Tu dois arriver à un équilibre parfait, c'est le but ! »

2. « Ferme les yeux et étends tes bras sur chaque côté du corps à hauteur des épaules, paumes ouvertes vers le plafond. Tu commences avec la sensation du chaud dans la main droite, puis du froid dans la main gauche. Puis le chaud devient du feu que tu sens te brûler un peu et que tu dois refroidir. Ensuite c'est le froid qui devient trop froid et qu'il faut réchauffer !… Que ressens-tu ? Raconte… »

3. « Ferme les yeux. Attention : il va te falloir être très concentré pour y arriver ! Dans ta main droite ouverte devant toi, tu as de petites fourmis qui se baladent et te chatouillent. Tu dois

souffler doucement pour qu'elles s'en aillent... Dans ta main gauche ouverte, tu as des abeilles. Si tu ne bouges pas, elles ne te piqueront pas... Une abeille vient bourdonner près de ton oreille, tu ne dois pas bouger... Des fourmis montent le long de ton bras, tu dois souffler dessus très précisément mais lentement... Que ressens-tu ? Raconte... »

Conseil
Ce type d'activité se conjugue très bien ensuite avec une séance de méditation yoga. Il est bon de passer du mental pur au travail mental et aux mouvements.

48

Les enfants éponges !

Certains enfants sont comme des éponges, ils « se chargent » des humeurs de ceux qui les entourent. Quelqu'un en colère va particulièrement « se vider » sur eux, comme une proie repérée par un prédateur. Ce sont des enfants qui font souvent des cauchemars d'agression, qui se pensent « victimes » de tout.

Grâce à cette méditation, votre enfant va pouvoir renforcer son « champ d'énergie », sa défense psycho-immunitaire. Veillez à ce qu'il respecte bien l'enchaînement des différents points. Encouragez-le à se responsabiliser et à prendre en charge le développement de sa force intérieure.

Posture corporelle souhaitable
Debout, jambes légèrement fléchies.

Durée
10 à 15 minutes.

Pour tous.

JE CONSTRUIS MON PROPRE CHÂTEAU

« Pour être en pleine forme, bien dans sa tête et son corps, il faut tous les jours, même pour quelques minutes, prendre une douche énergétique ! D'abord, pose tes deux mains sur ton ventre... La force que tu vas développer se construit ici, juste sous le nombril... Inspire et souffle quelques instants en te concentrant sur ton ventre...

Maintenant, frotte tes deux paumes de main l'une contre l'autre, tu vas sentir de la chaleur... Passe cette chaleur sur tout ton visage comme si tu passais un gant de toilette. Tu prends une douche avec l'énergie que tu viens de créer !... Pour alimenter cette énergie, reste "branché" sur l'énergie qui se construit dans ton ventre avec ta respiration qui est calme, tranquille...

C'est cette énergie qui parvient jusqu'aux mains... Et tu masses avec celles-ci tes joues... tes deux tempes... ton front... tes mâchoires... ton menton... Étire doucement chaque lobe de l'oreille... Que ressens-tu ?... Bien !

Chauffe de nouveau tes paumes de main en les frottant... Passe la chaleur le long de ton cou... de ta nuque... Tu sens comme tu te détends ?... Chauffe encore tes paumes et passe-les sur ton torse... Tu vois comme tu es détendu, maintenant ?... Chauffe encore tes paumes et passe-les doucement sur tes deux jambes... Maintenant, repose tes mains sur ton ventre... Tu sens comme il est aussi tout détendu... plein d'énergie ?...

Ferme tes yeux... Imagine, tu vas construire ton château imprenable... Personne ne pourra y avoir accès... Inspire par le nez : tu fabriques plein d'énergie qui se stocke au niveau de ton ventre... Souffle : tu envoies par ton souffle toute cette énergie autour de toi, et cette énergie forme et bâtit comme une muraille qui t'entoure, une muraille seulement visible de toi...

Tu es derrière cette muraille, et personne ne peut t'atteindre !... Tu inspires par le nez : tu construis cette énergie... Tu souffles lentement par la bouche : tu bâtis cette muraille infranchissable... Encore : tu inspires... Tu souffles... Tu peux faire de hautes murailles, les faire larges... Tu es chez toi... Ensuite, frotte de nouveau tes paumes de main, passe-les sur ton front...

Voilà, tu es à l'abri... Mais n'oublie pas de prendre régulièrement ta douche d'énergie et de renforcer ta muraille ! »

Conseil

Si l'enfant a du mal à bien imaginer, appuyez seulement le fait qu'il doit en émettre l'intention, vouloir que cette muraille existe, qu'il la renforce par son énergie même s'il ne la voit pas ! C'est le fait de construire le concept mental « Je décide de me défendre, de me renforcer » qui est important ici.

49

La bobologie des enfants

La méditation a l'avantage d'immerger les enfants dans la sensation. Il est donc évident que les douleurs que ceux-ci ressentent peuvent être atténuées par la respiration. Le rythme respiratoire permet de donner le recul nécessaire au fait de se sentir complètement absorbé par la douleur. Comme celle-ci fait partie des expériences terrestres, autant leur apprendre tôt à savoir négocier ces passages de vie !

Adaptez cette méditation selon le bobo. Cela marche aussi pour les bobos psy ! L'important est que l'enfant comprenne qu'il faut dévier le mental, qui réagit dans l'instant en créant une pensée de douleur, puis des émotions perturbantes… C'est sur ce réflexe paniquant qu'il faut travailler en le remplaçant par une normalité qui n'exclura pas le choc, mais ne l'amplifiera pas et ne le prolongera pas non plus dans le temps. On a mal, on peut atténuer, ça va passer. On crée une distance qui peut être utilisable. **Décoller de l'événement : c'est ça, le but.**

Posture corporelle souhaitable
Assis, dos droit.

Durée
5 à 10 minutes.

Pour tous.

Je calme les douleurs avec les couleurs !

« Quand tu as des bobos et que tu as mal, voici ce que tu peux faire… Faisons ensemble… Pose-toi en tailleur, mains sur les genoux, paumes vers le ciel, le dos droit, et ferme les yeux… Respire calmement par le nez… Souffle par la bouche… Encore… Inspire : ressens ton ventre… Souffle : laisse-le se détendre… Encore… Inspire…

Souffle… Puis imagine : comme tu dis avoir un peu mal au ventre, pose ton attention dessus et donne-lui une couleur. Si tu sens que ça brûle, peut-être rouge ?…

Imagine maintenant que tu peux poser cette douleur dans ta paume de main droite. Tu en as le pouvoir, tu sais ?… Pose-la dans ta main droite et amuse-toi dans ta tête à la faire grandir, grandir, comme une grosse boule rouge avec laquelle tu peux jouer !… Inspire… Souffle… La boule rouge grandit… Quand elle est assez grosse, tu la jettes devant toi. Jette-la !… Bien !… Recommence : dis-toi que ta douleur, qui déjà s'apaise, est devenue toute bleue… Et plus tu fais grandir ce bleu, plus le bobo que tu as au ventre se calme… Tu le sens ?… Ton ventre se calme, tout doucement… Tu sens que ça marche… Ressens comme ton ventre se détend, comme la brûlure s'en va… comme cela fait du bien…

Termine par un massage du ventre avec tes paumes de main, et voilà, tu es déjà beaucoup mieux… Tu vois, faire cela te permet de ne pas rester dans la douleur, de devenir la douleur !… Ainsi, tu as créé un espace de guérison où tu peux regarder le bobo sans en avoir peur et sans avoir trop mal ! Tu es très fort ! N'hésite pas à refaire cela avec tous tes bobos ! »

Conseil

N'hésitez pas à pousser votre enfant à développer ses petites « ficelles », ses trucs à lui. En le lui demandant, vous verrez qu'il a déjà mis au point des « stratégies de défense » personnelles.

50

L'ESTIME DE SOI

Il est important que l'enfant apprenne de vous que ce qu'il pense ou fait est apprécié. Ce n'est qu'au fur et à mesure qu'il assume ses choix, quoi qu'il en coûte, et qu'il développe sa propre estime personnelle. À l'école, parce que certains enfants n'arrivent pas à vivre dans des ambiances de plus en plus violentes, on note des mises en retrait, des enfants tristounets, car les repères traditionnels que pouvaient apporter les enseignants (prendre du temps pour chaque élève, féliciter...) sont de plus en plus rares. Les réseaux sociaux ont aussi dessiné d'autres critères référents pour définir qui est in et qui est out !

Le mieux est donc de méditer avec votre enfant afin de renforcer à votre manière une pierre angulaire de son éducation : l'estime de soi. Positionnez-vous dos à dos, assis ou debout. Chacun doit bien sentir qu'il est en contact. Offrez à votre enfant, dans le sens de « Laissez-le pénétrer votre respiration », le son de votre voix. C'est aussi le valoriser que de laisser pointer votre personnalité, rien que pour lui. Créativité, écoute, disponibilité sont ici construites pas à pas pour que l'enfant s'exprime et que vous puissiez le valoriser.

Posture corporelle souhaitable
Dos à dos parent-enfant.

Durée
10 à 15 minutes.

Pour tous.

TOUS LES JOURS JE DEVIENS GRAND !

« Aujourd'hui, c'est toi qui m'apprends à bien respirer, à méditer en silence ! Tu vois, je te fais confiance, je te suis complètement ! On va juste d'abord, chacun son tour, écouter la respiration de l'autre... Place bien tout ton dos contre le mien... Fais le silence... Respire calmement en te concentrant d'abord sur ton ventre... Sens comme l'inspiration est douce... l'expiration régulière... Bien...

Maintenant écoute ma respiration d'abord au niveau du bruit... Quand j'inspire... Quand je souffle... Et puis écoute par le dos... Tu dois sentir mon dos bouger... mes poumons se gonfler... les côtes s'écarter... et se resserrer... Dis-moi ce que je dois faire pour mieux respirer, je t'écoute. Ou, mieux, montre-moi, on reste dos collé et je t'écoute respirer. Explique-moi comment tu fais... D'accord, je comprends et tu expliques très bien... Pour me sentir plus calme, je fais comment ?... J'inspire de l'air très vite ?... Je souffle très vite ?... D'accord, merci pour le conseil !...

J'aimerais maintenant que tu m'inventes un petit conte pour m'aider à bien me détendre... Tu sais, tu crées juste une histoire simple avec deux animaux par exemple, un beau paysage... Vas-y : je t'écoute et je respire doucement pendant ce temps-là... Pourquoi le personnage agit ainsi ?... Ah, je comprends... Pour te remercier de cette histoire, je vais t'offrir un petit massage de la main...

On se positionne face à face, et je masse avec mon pouce le centre de ta main... Je fais l'autre... Hmmm, ça a l'air trop bon !...

Je peux te demander de me le faire aussi ?... Merci, j'adore cela, tu es très doué !...

Allez, on termine front contre front, comme le font les lamas au Tibet, c'est un signe de respect... Et à moi de te remercier pour cette séance de méditation, conte et massage ! Je te remercie de m'avoir appris cette leçon de bonheur et t'en suis très reconnaissant, bisous ! »

Conseil
Encouragez toujours la créativité de votre enfant. Il est temps que l'enfant apporte aux parents ses propres contes et ses idées d'évolution des rapports classiques. Ainsi les parents s'éveilleront et la boucle sera bouclée!

Photogravure : IGS, 16 L'Isle d'Espagnac
Imprimé en Espagne par Cayfosa Impresia Iberica
Dépôt légal : février 2015
315101/01 – 11028630 – janvier 2015